HISTÓRIA CONTEMPORÂNEA

Direcção da Colecção História Contemporânea
Maria Manuela Tavares Ribeiro

Os originais enviados são sujeitos a apreciação científica por *referees*

Coordenação Editorial
Maria João Padez Ferreira de Castro

Edição
Imprensa da Universidade de Coimbra
Email: imprensauc@ci.uc.pt
URL: http://www.uc.pt/imprensa_uc
Vendas online: http://www.livrariadaimprensa.com

Design
António Barros

Infografia
Carlos Costa

Print by
CreateSpace

ISBN
978-989-8074-94-2

ISBN Digital
978-989-26-0195-3

DOI
http://dx.doi.org/10.14195/978-989-26-0195-3

Depósito Legal
320359/10

Obra publicada com a colaboração de:

© Novembro 2010, Imprensa da Universidade de Coimbra

JOANA DAMASCENO

Museus para o
Povo Português

2 0 1 0 • C O I M B R A

Sumário

Prefácio 7
Nota Introdutória 13

1. A Nação Trabalhada 17
2. A Política do Espírito e a Cultura Popular 35
3. A Exposição do Mundo Português 53
4. O Museu de Arte Popular 69
5. Os Museus das Casas do Povo 115
6. Museu Etnográfico Municipal da Póvoa do Varzim 165

Conclusão 175
Fontes e Bibliografia 177
Índice Analítico 183
Lista de Imagens 185

Prefácio

Musealizar o povo

Tomando como propósito reflectir sobre as condições históricas da criação do Museu de Arte Popular, o livro *Museus para o Povo Português*, de Joana Damasceno, oferece-nos também uma aturada reflexão sobre o(s) significado(s) e o(s) valor(es) de uso da etnografia para o regime que vigorou em Portugal, ao longo do segundo e terceiro quartéis do Século XX. Através dele, percorremos os motivos que presidiram à realização do Museu, desde os fundamentos da ideia até às opções expositivas, desde o núcleo embrionário do acervo até à organização do espaço interno. Simultaneamente, e a preceito, mostra-nos como esta ideia centralizada de formação de um museu etnográfico, se desdobra em múltiplas intenções de apropriação local, e se reproduz em outros museus, hierarquicamente alinhados, ora situados nas capitais de província, ora situados nas mais pequenas localidades. Como tal, é precisamente através dessa sucessão reprodutiva que a autora nos mostra as proposições de raíz ideológica subjacentes à criação do museu.

Nas suas diversas formas, a representação do *povo* pela cultura erudita encerra sempre um fascinado pressuposto de domínio sobre a alteridade, cuja origem se bifurca em duas grandes ordens de motivações, constantemente cruzadas entre si.

Por um lado, a necessidade de gerar matrizes ontológicas que justifiquem e fortaleçam a ideia de identidade cultural própria, fundamental para a consolidação estrutural da rede de estados-nação, que se vai gradualmente estabilizando ao longo dos séculos XIX e XX. Primeiro na Europa e na América, posteriormente alastrada a todo o mundo. São originárias desta ordem todas as tentativas de forjar imagens unitárias de populações cujos sistemas de organização social e cultural são muito diversos, agregando-as em módulos regionais e geográficos ordenados e hierarquizados, bem como as intenções de forçar e de enfatizar diferenças e homogeneidades, fazendo-as reverter para um quadro de divisão administrativa compreensível e, sobretudo, domável.

Por outro lado, o neo-bucolismo herdado das veementes reacções aos efeitos da revolução industrial, logo a partir do início do século XIX. São oriundas desta ordem as ansiosas tentativas de fixar modos de vida anteriores à mecanização e à urbanização. Podem ser cristalizados em núcleos temáticos musealizáveis, taxonomicamente inventariados, mas também podem ser sublimados através de recursos estéticos cedidos pela cultura erudita, como forma de lhes conferir automaticamente o estatuto de arte.

As políticas culturais do Estado Novo traduzem de modo evidente estas duas ordens de necessidades, quer no plano político, quer no plano económico.

Instaurado em 28 de Maio de 1926, o regime de base ditatorial, que, já na década de 30, se viria a autodenominar Estado Novo, teve como pano de fundo uma acesa polarização entre agricultura e indústria, que insinuou a sua presença de um modo constante e influente. Assumiu formas diversas. Por exemplo, quando olhada sob um ponto de vista político, evidencia a guerra de influências palacianas entre os agrários terratenentes e o reduzido número de grupos familiares que detinha o controlo da grande indústria monopolista. Vista numa perspectiva económica, põe em relevo a oposição interna, no seio do regime, entre a contenção dos preços agrícolas — sustentáculo da ideia de autosuficiência, muito acarinhada por Salazar — e o necessário desenvolvimento industrial — motor da ambição de equilibrar a balança do comércio externo e de potenciar a matéria prima das colónias.

Mas é, sem dúvida, vista à luz do reflexo exercido sobre as dinâmicas culturais instituídas que essa polarização ganha contornos mais explícitos e se vai insinuando de tal modo que chega a atingir foros de prorrogativa ideológica. Os anos trinta, na sociedade portuguesa, são os anos da exaltação bucólica da vida rural, sob os auspícios dos inúmeros aforismos morais e comportamentais. Um pouco mais tarde, virá a questão da identidade do regime e, através dela, a inevitável tentação de *puxar* a cultura dependente da esfera pública para um papel de representação, ou mesmo de exaltação do poder do Estado e das matrizes ideológicas a ele associadas.

Acresce ainda um outro factor, que não é, de todo, desprezível: o papel de Salazar, e da sua *alma beirã*. É, de facto, significativo o modo como inebriou a cultura oficial com essa espécie de profissão de fé anti-urbana, que esconjurava tudo o que saísse fora do âmbito cognitivo mais directo que se atribuía às *gentes simples dos campos e das serras*.

Mesmo quando a industrialização se torna inevitável, no plano económico, o lugar de primazia, do ponto de vista socio-cultural do regime, continua a ser o idílio rural, com as suas quatro estações e o luar de Agosto; a água abundante dos ribeiros; a família pobre, mas com autosuficiência alimentar; a contenção dos preços agrícolas; o lagar de azeite; o trigo; o pão e o vinho; a labuta incessante dos campos, que previne e redime todas as *tentações*; o país *íntimo, [...] repousante e lírico, [...] do pomar, dos açudes, da província, da indústria caseira, dos descantes e das eiras, [...] ingénuo e amoroso*.[1] Insistentemente, os aforismos dos códigos morais ligados a esta ideia de ruralidade redentora apareciam sempre que o poder se mediatizava, ora na propaganda e nos congressos corporativos, ora nos livros escolares, únicos e obrigatórios, ora na cinematografia oficiosa, ora nos documentos de divulgação fiscal ou sanitária, ora em tantos outros meios de comunicação.

Do ponto de vista ideológico, o poder era inacessível. Só o ditador, e a elite dos seus acólitos, tinham o *direito* de o exercer. Ao povo, a esse simples povo, era legada essa espécie de *recinto bucólico* no qual estava predestinado a viver, longe das *influências malévolas* e delas protegido pelo omnipresente Estado.

Portanto, no que diz respeito aos criadores em geral, e aos arquitectos em particular, se porventura se motivavam ante a ilusão da síntese, ou da simples coexistência, entre a retórica étnico-nacionalista e os princípios motivadores da modernidade, com o racionalismo na linha da frente,

---

[1] Augusto de Castro, *A Exposição do Mundo Português e a sua finalidade nacional*, Lisboa, E.N.P., 1940, p. 115.

se é verdade que sonhavam com um debate vivaz, como o que Pagano ou Piacentinni disputavam em Itália, ou, mais arrojadamente, sonhavam com racionalismos centro-europeus, ou mesmo com a surpreendente elegância das obras milanesas e comascas, já para Salazar, e para os seus acólitos mais íntimos, o sonho era outro. Vinha tingido de cores vivas, como numa gravura etnográfica naturalista. As casas eram térreas e artesanais, unifamiliares, os edifícios públicos embora *simples* e *funcionais*, deveriam ser construídos na estrita observância dos modelos *históricos*. Descontando as infraestruturas, obras da *engenharia* e da *necessidade funcional*, a paisagem queria-se imutável, e a arte, quando aparecia, só poderia servir para *avivar*, ou para *enaltecer*, a plasticidade endémica do *locus* bucólico. As cidades, salvo algumas pitorescas ou monumentais excepções, eram *feias* e *irreformáveis*, um *mal necessário*, sem remissão à vista. Era nelas que se alojava a alteridade, o contraponto vicioso e conspurcado daquela idílica concepção cultural da sociedade.

Ora, tal como no que respeitava às questões de natureza política e económica, também a questão do modo como o poder se representa através da arte, e da arquitectura, estava sujeita a pressões palacianas, estava à mercê da opinião dos diversos *lobbies* do regime, autênticas válvulas de ataque ou de apoio, que Salazar abria ou fechava conforme os interesses tácticos do momento. A sanha ultramontana que pairava por certos sectores do poder não suportava a existência de uma arquitectura oficial *internacionalizada*, muito menos abstracta ou vanguardista. Hitler, com o cerco à *arte degenerada*, estava no bom caminho. Mussolini tinha deitado tudo a perder, tinha traído o espírito artístico da Itália e cedido à *doença do internacionalismo*, tinha-se deixado envolver por aquela emanação *ofensiva*, oriunda da *Rússia*, gerada com os propósitos de atingir a *espiritualidade cristã*. Estávamos no fim da década de 30. As expressões citadas são quase todas do Presidente da Sociedade Nacional de Belas-Artes. O pretexto é a inauguração da Igreja de Nossa Senhora de Fátima, em Lisboa, obra grande de Pardal Monteiro, que teve a intervenção de Almada Negreiros, nos vitrais e na decoração mural do baptistério e da capela-mor, bem como de Francisco Franco, nos baixos-relevos da porta de entrada, e de alguns outros artistas plásticos.

No rescaldo da polémica, é o próprio Cardeal Patriarca, amigo íntimo de Salazar, dos tempos de Coimbra, que vem em defesa da utilização da arte e da arquitectura modernas na construção dos novos edifícios religiosos.[2]

A política do Estado Novo precisava de ser *estetizada* e essa empresa não podia ser deixada a cargo dos *caixotes* racionalistas, viessem eles de Como ou de Moscovo. Eram demasiado mudos. O *discurso* da arquitectura não podia ser vazio e muito menos se podia apoiar em sinais contraditórios com os do discurso do poder. O episódio da Igreja de Nossa Senhora de Fátima, e tudo aquilo que se lhe seguiu, podem não ter um valor tão simbólico, tão dramaticamente definitivo, como o *fim* do modernismo. Mas a verdade é que há uma consciencialização gradual do valor político da arquitectura produzida, que antes era subestimado pelo poder, ou que andava arredio das suas preocupações mais viscerais, e que se acentua nessa altura.

A Exposição do Mundo Português, em 1940, vem, entretanto, consagrar a reconversão das linguagens arquitectónicas anteriores. Os liceus de Beja, Fialho de Almeida (1930-1934), e de Coimbra, Júlio Henriques (1930-1936), o Instituto Superior Técnico (1927-1941), o Pavilhão de Rádio do Instituto Português de Oncologia (1927-1933), a Casa da Moeda (1933-1941), as gares marítimas, as estações de Correios e um punhado de outras obras descomplexadamente modernas tinham, entretanto, *passado à história*. De facto, é possível afirmar a Exposição como o acontecimento que dominou uma época de viragem.

A história da Exposição do Mundo Português e das Comemoraçõs Centenárias é, também, a história daquela sucessão de compromissos entre os diversos *lobbies* do regime. Embora tente ganhar o carácter ambíguo de grandiosa modernidade, paramentada com os enfeites etnográficos do ruralismo e com os celebrados aforismos dos seus códigos morais, trata, na realidade, de fixar ideologicamente as linguagens oficiais, num ambiente de firme condenação às das vanguardas euopeias do início do século XX.

---

[2] Recorde-se, a título de exemplo, pelo que diz respeito a esta radicalização de posições, a conferência feita na S.N.B.A., pelo seu presidente, o caricaturista Arnaldo Ressano Garcia e as observações feitas a esse propósito por: José Augusto França, "1940 Exposição do Mundo Português": *Colóquio/Artes, 45,* 1980, e Artur Portela, *Salazarismo e artes plásticas*, Lisboa, ICALP, 1987, 2ª.ed.

A nota oficiosa que Salazar faz publicar no *Diário de Notícias* de 27 de Março de 1938, lançando as bases programáticas — ultrapassando-as até bastante, ao assinalar desde logo os locais e os temas —, transmite já aqueles preceitos de um modo muito explícito, quando afirma como objectivos *[...] dar ao povo português um tónico de alegria e confiança em si próprio, através da evocação de oito séculos da sua História, que foram simultaneamente oito séculos da História do Mundo* e, também, *levar os serviços públicos e particulares a acelerar o ritmo da sua actividade, com o intuito de afirmar a capacidade realizadora de Portugal, os seus serviços à civilização [...]*. Nesse mesmo texto também Salazar diz da conveniência em conceber um certame grandioso, sim, mas remetido à intimidade das nossas fronteiras — *Se bem que poucas vezes estaria tão bem fundamentada uma Exposição Internacional [...], renunciaremos a ela* —, sem alardear demasiado no estrangeiro, que é o mesmo que dizer, sem fomentar o indesejável cosmopolitismo pelo contacto com muitos visitantes estrangeiros. O resultado das Comemorações não podia ser mais consonante com os preceitos ditados pelo Presidente do Conselho.

E é precisamente no rescaldo da Exposição do Mundo Português, e como sua consequência directa, que se institui o Museu de Arte Popular e que são engendradas as suas reproduções locais, na rede corporativa das Casas do Povo, como nos relata este livro da historiadora Joana Damasceno. É a partir da sua visão, contextual e sistémica, que nos são narrados os modelos, próximos e remotos, que presidiram à realização do museu, desde a maturação da ideia até à cocretização material. Passo a passo, somos assim levados através de um percurso de compreensão de base essencialmente documental, que nos informa sobre os sucessivos momentos da instituição e das suas emulações regionais. Quer pela sua instalação definitiva — alojado numa parte remanescente dum dos edifícios construídos para a grande Exposição dos Centenários — quer pelas prorrogativas associadas ao acervo — fixação cultural, com objectivos turísticos, das formas de vida do país pré-industrial — o Museu de Arte Popular incorpora eloquentemente a vida do regime que pontificou durante metade do Século XX, em Portugal, e torna-se, em boa hora, objecto de análise histórica e cultural.

José António Bandeirinha

Nota introdutória

A constituição de museus etnográficos durante o Estado Novo fez parte de uma doutrina social mais ampla que tinha o ruralismo e o nacionalismo como referências ideológicas.

A "ordem" social portuguesa deveria entroncar em valores como a família, o trabalho ou a poupança.³ A Nação era vista, aliás, como um alargamento do conceito de família, à qual se deve obediência, respeito e amor incondicional. Segundo a ideologia do regime, o único local onde estes valores prevaleciam imaculados era o campo, como microcosmo ideal, parado no tempo, onde não existiam conflitos sociais nem as odiadas influências estrangeiras. A aldeia era também sinónimo de fraternidade e de paz. A escola e outros meios de educação não formais, como, por exemplo, os museus, asseguravam a difusão desta mensagem pela população. Mais, os museus reconstituíam esses ambientes que deste modo permaneciam imutáveis.

Esta concepção vinha do século XIX, do cruzamento de linhas de pensamento como o neogarrettismo, que defendia exactamente a ressurreição do culto pelos valores portugueses que se encontravam na obra de Almeida Garrett. António Ferro concedeu pleno coroamento a estas ideias através da *Política do Espírito*. Como director do SPN/SNI, multiplicou iniciativas tendentes a exaltar uma utopia campestre.

---

³ Paula Silveira, "Os valores no Estado Novo: ruptura ou continuidade?", *O Estado Novo. Das Origens ao fim da Autarcia.*, Lisboa, Fragmentos, 1987, pp. 303-320.

É este ideário que os museus etnográficos corporizam. Pelas suas características nacionais, o Museu de Arte Popular foi criado para ser um exemplo de soberania e diferenciação e um retrato da alma do povo.[4]

O Museu de Arte Popular é a cabeça de um sistema de representações simbólicas que se desdobra em museus regionais, imaginados por Luís Chaves numa rede distrital, e locais, através da malha muito mais estreita das Casas do Povo. Ao longo da década de 40, foram aqui criados pequenos museus rurais que se desenvolveram um pouco por todo o país.

O presente trabalho realizou-se num contexto de grande incerteza quanto ao futuro do Museu de Arte Popular, que se encontra encerrado para obras de beneficiação desde o ano 2000. A sua colecção está encaixotada desde então, nas salas do museu, em condições pouco condizentes com o seu estatuto. Os frescos, que decoravam todas as salas, estão tapados e não há registos do museu aquando do seu encerramento. Por isso, tivemos de recorrer a descrições e fotografias antigas, muitas delas datadas do ano de inauguração do museu.

A documentação de apoio é também escassa. O arquivo do SNI, que se encontra finalmente disponível ao público na Torre do Tombo, está apenas parcialmente tratado e inventariado, pelo que a tarefa de localização da documentação, se afigura quase impossível.

Terminado este estudo, resta-me agradecer a colaboração, a ajuda e o apoio de algumas pessoas. Começo pela minha família, marido e filhos, pais, irmãos, sobrinhos, avós, tio e restante família que, desde sempre, me encorajaram e me auxiliaram em todas as situações. Devo também o meu reconhecimento ao Professor Doutor Luís Reis Torgal que aceitou orientar a tese que deu origem a este livro. Aos meus professores de Mestrado, Doutor Fernando Catroga e Doutora Manuela Ribeiro, cujas lições e amizade não esqueço. À Doutora Cristina Pimentel, que chamou a minha atenção para este tema, e à Doutora Alice Semedo, que sempre tem para comigo uma palavra de estímulo e motivação.

---

[4] António Ferro, *Museu de Arte Popular, Discurso do Secretariado Nacional de Informação no acto inaugural do Museu de Arte Popular aos 15 de Julho de 1948*, Lisboa, Edições SNI, 1948.

Aos amigos de longa data e aos colegas de mestrado e de trabalho com quem tenho partilhado experiências muito positivas ao longo do tempo e que são sempre um forte apoio.

Resta-me ainda agradecer o empenho que teve neste trabalho o Doutor Nuno Rosmaninho que teve a amabilidade de acrescentar as suas observações e sugerir novas abordagens.

Uma última palavra para todo o pessoal da Imprensa da Universidade de Coimbra que muito se dedicou a este projecto e que permitiu a sua concretização neste livro que ora se publica!

1. A Nação Trabalhada

Na senda do nacionalismo romântico, foram aparecendo ao longo do século XIX movimentos de construção de identidade em todos os países da Europa.

Hoje, nação confunde-se com o povo que é a entidade guardiã da memória colectiva, mas nem sempre foi assim. É no final do século XVIII e início do século XIX, quando a cultura popular tradicional estava em risco, que o "povo" (o *folk*)[5] se converte num tema de interesse.

Sabemos que o século XVIII é o século da hegemonia cultural francesa, e como consequência, vemos surgir, primeiramente na Inglaterra e depois na Alemanha, um movimento de busca das origens, como arma de contestação a essa prepotência cultural. A tradição do campo passa então a ser muito valorizada, porque é vista como pura e o povo como o seu representante máximo. Por esse motivo, iniciam-se as primeiras recolhas de poesia popular.[6]

Cada nação tem os seus símbolos que emanam de uma modelo construído a partir da Revolução Francesa e utiliza meios diversificados para atingir o patriotismo: a escola, as festas nacionais, os feriados, as associações de defesa do património...

---

[5] Na verdade, a expressão inglesa *folk-lore* significa "sabedoria do povo" e surgiu, pela primeira vez em Portugal, em 1875, num estudo sobre "Os elementos tradicionais da literatura" de Adolfo Coelho, publicado na *Revista Ocidental* de Lisboa. O Folclore é considerado o estudo das tradições populares, incluindo nestas superstições, lendas, canções, adágios, jogos, festas, medicina tradicional. Cf. *Grande Enciclopédia Portuguesa e Brasileira*, Volume X, Lisboa, Editorial Enciclopédia, 1960, pp. 606-607 e

Fernando de Castro Lima, "Epítome dos estudos etnográficos em Portugal", *Mensário das Casas do Povo*, Ano III, nº 25, Lisboa, Junta Central das Casas do Povo, 1948, pp. 3-4.

[6] Anne-Marie Thiesse, *A Criação das Identidades Nacionais*, Lisboa, Temas e Debates, 2000, pág. 40.

É também o século XVIII que vê nascer os primeiros exemplos de símbolos nacionais. O primeiro hino surgiu em 1740, na Grã-Bretanha, e a primeira bandeira nasce com a Revolução Francesa[7], entre 1790-1794, bem como a primeira personificação da nação: mariana.[8] Com a implantação da República, em 1910, oficializam-se novos símbolos em Portugal, o hino *A Portuguesa*, escrito anteriormente na conturbada época do *Ultimatum* inglês, a bandeira verde-rubra e o busto de mariana com barrete frígio. Podemos inserir estes novos emblemas no que Hobsbawm designou de práticas inventadas em sinal de patriotismo e lealdade, correspondendo a uma nova fase de construção da nação.

A partir do século XVIII, assoma também, por toda a Europa, a moda das epopeias nacionais, nas quais ressalta o heroísmo guerreiro e a atmosfera pagã, inspiradas nos romances de cavalaria medievais. Ao mesmo tempo que se constrói a ideia de nação, valoriza-se o património como o resultado visível dessa memória colectiva. Por conseguinte, vão surgir as associações de defesa do património. Em 1805, é fundada a Academia Céltica em Paris com o objectivo de realizar o levantamento sistemático das origens da Nação através das tradições populares agrupadas em quatro grandes rubricas: costumes relacionados com o ciclo do calendário, costumes relacionados com o ciclo da vida, monumentos antigos e crenças e superstições.[9]

Em Portugal, em 1840, é criada a Sociedade Conservadora dos Monumentos Nacionais, por acção de Alexandre Herculano que, entre 1840 e 1842, como deputado do Parlamento, consegue igualmente que sejam votadas verbas para a conservação de monumentos históricos.[10]

---

[7] Eric Hobsbawm, *La Invención de la Tradición*, Barcelona, Editorial Crítica, 2002, pág. 16.

[8] Com o dealbar da revolução francesa, as características da sacralidade são deslocadas para uma dimensão profana. A própria "Mariana" é a personificação de Maria, o que dá uma ideia maternal da nação. A utilização da figura feminina tem origem na cultura clássica, onde se personificavam valores e ideais às figuras femininas endeusadas. O modelo é a deusa Atena, deusa guerreira, protectora da cidade de Atenas. A figura feminina, para além de representar a República, representava também a Pátria ou melhor, a Mátria, pois transmitia características femininas como a maternidade, o amor e o aconchego. Sobre este assunto ver Fernando Catroga, *A Formação do Movimento Republicano (1870-1883)*, Coimbra, 1982 (policopiado).

[9] Anne-Marie Thiesse, *A Criação das Identidades Nacionais*, Lisboa, Temas e Debates, 2000, pág. 57-60.

[10] Alice Maria Pinto de Azevedo Carneiro, *O Património Reencontrado*, Braga, 2004 (policopiado), pág. 40.

A par das epopeias e da recolha de poesia popular, começam a difundir-se os estudos sobre as línguas nacionais, preocupação que não existia antes do século XIX. No entanto, a língua era um dos elementos estabelecido pelo princípio das nacionalidades como diferenciador e que definia a própria nação. Até essa altura a diferenciação linguística era determinada pela hierarquia social.[11]

O uso do traje folclórico regional, tal como o conhecemos hoje, foi institucionalizado a partir do século XIX, pois, até aí, a única diferenciação no modo de trajar, relacionava-se com a condição social. O designado traje folclórico regional não era usado quotidianamente, mas apenas em épocas festivas. Aparece como peça de um museu vivo e era também representado na pintura como é o caso da tela *Clara* (1918) da autoria do pintor José Malhoa (1855-1933). O *kilt* escocês é o exemplo mais interessante e mais conhecido, uma vez que foi criado no século XVIII por um inglês, apesar da sua apregoada origem medieval e elevado à categoria de traje nacional e símbolo maior da identidade escocesa.[12]

Em 1851, em Londres, realiza-se a primeira Exposição Internacional, evento que se apresentará como "passerelle" das nações e, portanto, das suas identidades. Nas Exposições Internacionais de Paris de 1867 e 1878 vão estar representados vários trajes nacionais e reconstituições etnográficas, que posteriormente darão origem à recriação de autênticas aldeias nacionais como a "aldeia alemã" apresentada em 1893 na Exposição Universal de Chicago.[13] A Etnografia transforma-se assim numa linha de carácter identificadora dos povos.[14]

---

[11] Anne-Marie Thiesse, *A Criação das Identidades Nacionais*, Lisboa, Temas e Debates, 2000, pág. 73.

[12] Sobre este assunto ver Eric Hobsbawm, *La Invención de la Tradición*, Barcelona, Editorial Crítica, 2002, págs. 23-48.

[13] Anne-Marie Thiesse, *A Criação das Identidades Nacionais*, Lisboa, Temas e Debates, 2000, págs. 196-198.

[14] A palavra Etnografia deriva do grego *ethno*, que significa "nação", "povo" e começou a ser usada no princípio do século XIX, tendo sido empregue pela primeira vez pelo historiador dinamarquês Niebuhr. O significado era "descrição dos povos". Os estudos de Etnografia e de Folclore progrediram muito nos países "cultos, havendo em alguns um verdadeiro entusiasmo por estas matérias, incluindo as pesquisas sobre as populações de países nos mais variados graus de civilização." Cf. *Grande Enciclopédia Portuguesa e Brasileira*, Volume X, Lisboa, Editorial Enciclopédia, 1960, pp. 606-607.

Surgem, deste modo, as sementes dos museus etnográficos que terão como funções principais o estudo científico, a consolidação da identidade de cada povo e a promoção da arte popular como fonte de receita.[15]

O aparecimento do movimento *Arts and Crafts*, em Inglaterra, acelera este processo e, em 1889, é criado o "Museu Francês das Tradições Populares", elevando o artesanato à categoria de produto nacional.[16]

Para apreciar as belezas naturais e culturais do país surgem provas desportivas, como a *Volta à França*, em 1903, excursões organizadas e movimentos da juventude como os Escuteiros em 1908. Em Portugal, é no ano de 1938 que se realiza a primeira *Volta a Portugal* em bicicleta.

Em Portugal, Alexandre Herculano foi um dos responsáveis pela construção simbólica da Nação. Com o advento do liberalismo, contexto político e ideológico, no qual cresceu, surge a necessidade de se refundar a nação, o que se traduziu num apelo ao regresso às "origens", materializado na cultura popular e nos monumentos.[17] É exactamente neste período das revoluções liberais que se consubstancia o nacionalismo português de base moderna, pois apesar de, na prática, possuir já os fundamentos da nacionalidade (fixação de fronteiras, unidade de língua, religião e poder político), só então se acelerou o processo que levou à transformação do Estado, de tipo Antigo Regime em Estado-Nação[18].

O nacionalismo pode ser analisado segundo duas vertentes: uma construtivista e outra essencialista. A primeira considera a nação como uma construção, uma criação e valoriza a cultura material. A vertente essencialista enaltece o factor étnico e o metafísico. A nação é uma entidade com alma e é algo imemorial e eterno.

O romantismo, movimento artístico-literário no qual se inseriu a obra de Herculano, esteve muito ligado à cultura popular, enfatizando, igualmente,

---

[15] Anne-Marie Thiesse, *A Criação das Identidades Nacionais*, Lisboa, Temas e Debates, 2000, pág. 205.

[16] *Idem*, pág. 209.

[17] Fernando Catroga, "Alexandre Herculano e o historicismo romântico", *História da História em Portugal – séculos XIX e XX*, volume I, s.l., Temas e Debates, 1998, pág. 46.

[18] Fernando Catroga e Paulo Archer de Carvalho, *Sociedade e Cultura Portuguesas II*, Lisboa, Universidade Aberta, 1994, pág. 82.

o culto das origens, numa visão essencialista da identidade nacional. A nação é vista como uma planta, uma entidade orgânica. A ciência histórica é também valorizada e entendida como um instrumento para alcançar a verdade. Porém, para Herculano, a cultura não basta, tem de haver vontade política que, no caso português, segundo Herculano, esteve secundada na vontade do povo e dos primeiros reis. A nação foi construída e consolidada ao longo dos tempos na cultura e nas tradições.

O romantismo surge muito ligado ao liberalismo, pois nele estava sintetizada uma contestação ao absolutismo e uma luta pela defesa das liberdades, o que se adequava perfeitamente à ideologia revolucionária liberal. O romantismo caracteriza-se por uma linguagem baseada na imaginação e subjectividade poética. Há uma exaltação da Idade Média e do passado histórico, época dos heróis e dos mitos. Cultiva-se a natureza, a melancolia, a busca da solidão. Herculano filia-se neste perfil, é um dos grandes escritores da geração romântica e, no fim da sua vida, procura o bucólico refúgio da natureza, amargurado com a convivência dos homens.

A Idade Média foi eleita a época de eleição, de purismo e símbolo das origens.

Característica fundamental do romantismo foi então o culto da história e do passado. Há uma certa nostalgia mesclada com uma poesia ligada a tempos idos. Busca-se a "alma nacional" e a sua caracterização com base na cultura material, dentro da qual sobressaem os monumentos, presos à terra, testemunhos da glória antepassada, das lutas e revoluções. Esta ideia de terra está presente noutros românticos do seu tempo como Almeida Garrett. Atente-se nesta passagem do livro "Viagens na minha terra": *Cá estamos num dos mais lindos e deliciosos sítios da terra: o vale de Santarém, pátria dos rouxinóis e das madressilvas, cinta de faias belas e de loureiros viçosos. Disto é que não tem Paris, nem França, nem terra alguma do Ocidente senão a nossa terra, e vale bem por tantas, tantas coisas que nos faltam.*[19] Para além da ideia de *minha terra*, encontramos também nesta passagem a dualidade existente entre civilização e natureza e uma clara valorização desta última. Garrett, tal como Herculano, evoca o passado para construir

---

[19] Almeida Garrett, *Viagens na Minha Terra*, Porto, Porto Editora, 1993, pág. 64.

uma *mitologia nacional, algo que se poderia chamar de poetificação da história como processo de edificação de um poder simbólico que colocasse o intelectual como guardião privilegiado da cultura nacional.*[20]

Herculano foi influenciado pela moda do romance histórico, iniciada por Walter Scott com a edição de *Waverly* em 1814. Também o teatro vai sofrer esta influência. Em Portugal, Almeida Garrett inaugura, em 1836, um conservatório de arte dramática para o qual escreve dramas patrióticos. O novo modelo cenográfico inspirará a concepção dos primeiros museus etnográficos no início do século XIX.[21]

Se, em alguns aspectos, e, num primeiro momento, Herculano se aproxima de uma ideia essencialista da nação, nomeadamente na busca da "índole" ou "alma" nacional, a tónica que ele coloca na vontade dos primeiros reis como os construtores da nação, fez dele um construtivista. O que alimentava o patriotismo não era uma ideia abstracta, mas sim a ligação à terra, principalmente à terra natal.

A obra de Herculano[22] foi um longo discurso ideológico sobre o Portugal do passado em função do Portugal do seu tempo, isto é, o Portugal que se (re)construía na conjuntura das revoluções liberais europeias por homens que, como ele, eram revolucionários, soldados, escritores e políticos. Construção de Portugal, no sentido em que é um país não acabado, que se vai sucessivamente e quotidianamente construindo.[23] Nas palavras do historiador Eric Hobsbawm, "inventar tradições (...) é essencialmente um processo de formalização e ritualização, caracterizado pela referência ao passado, impondo a repetição."[24]

---

[20] Fernando Catroga e Paulo Archer de Carvalho, *Sociedade e Cultura Portuguesas II*, Lisboa, Universidade Aberta, 1994, pág. 47.

[21] Anne-Marie Thiesse, *A Criação das Identidades Nacionais*, Lisboa, Temas e Debates, 2000, pág. 141.

[22] Destaca-se o estudo *Monumentos Pátrios*, autêntico manifesto pela defesa do património como um bem individualizador da Nação. Ver Jorge Custódio, e José Manuel Garcia, *Alexandre Herculano, Opúsculos*, Volumes. I, II e III, Porto, Editorial Presença, 1982.

[23] Cândido Beirante e Jorge Custódio, *Alexandre Herculano, Um Homem e Uma Ideologia na Construção de Portugal*, Amadora, Livraria Bertrand, 1979, pág. 14.

[24] Eric Hobsbawm, *La Invención de la Tradición*, Barcelona, Editorial Crítica, 2002, pág. 10.

Portugal segue assim o exemplo de outros países europeus que, a partir do século XVIII, vão enaltecer a cultura popular como um conjunto de valores a preservar porque encerram os mais antigos vestígios da identidade nacional.

Segundo Anthony Smith[25] existem dois grandes modelos de identidade nacional: o cívico-territorial, mais relacionado com o território e a história, e o étnico ou etnogenealógico que valoriza a cultura popular, a língua e a árvore genealógica da comunidade que foi transmitindo, ao logo dos tempos, crenças e valores culturais. Portugal encaixaria, com segurança, no segundo modelo.

Depois de Herculano, que morre em 1877, há toda uma geração de intelectuais das mais diversas áreas do conhecimento que se vão interessar pela cultura popular e suas tradições. A grande viragem da cultura portuguesa opera-se em 1871, nas Conferências do Casino, onde se destacam os nomes de Adolfo Coelho e Teófilo Braga, entre outros. São estes que vão intelectualizar estudos de cariz antropológico e etnográfico, afirmando a importância destas novas disciplinas científicas que surgem no contexto europeu. É exactamente através da acção destes estudiosos que se vão consolidar os primeiros projectos etnográficos em Portugal como a publicação das revistas *Portugália* e *Revista Lusitana* ou a realização de exposições e museus da mesma índole.[26]

A primeira ideia de realização de uma exposição etnográfica em Portugal, partiu de uma comissão presidida por Adolfo Coelho, em 1896, que definiu como seus objectivos principais o "aprofundar os conhecimentos sobre o povo português" e "despertar o interesse humano e patriótico pelas nossas classes populares e fomentar o sentimento de reverência pela santidade da pátria, da família e do trabalho".[27]

Se, numa primeira fase, os estudos etnográficos vão estar confinados à literatura e à tradição oral, são os primeiros anos do século XX que trazem o alargamento do campo de estudos a outras áreas, incluindo a arte popular, através da acção de Rocha Peixoto, que se vai interessar primeiro pelas

---

[25] Citado por João Leal, *Etnografias Portuguesas (1870-1970), Cultura Popular e Identidade Nacional*, Lisboa, Publicações Dom Quixote, 2000, pág. 17.

[26] *Idem*, pág. 33.

[27] Citado por Maria Isabel João, *Memória e Império. Comemorações em Portugal (1880-1960)*, Lisboa, Fundação Calouste Gulbenkian e Fundação para a Ciência e Tecnologia, 2002, p. 359.

tradições populares e depois pela arte e arquitectura popular e pelas tecnologias tradicionais.[28]

As figuras de Leite de Vasconcelos, Virgílio Correia e Jorge Dias são essenciais para compreendermos as tentativas de construção da origem da nação ao longo do século XX, auxiliados pela arqueologia, cujo desenvolvimento vai estar, lado a lado, com a etnografia e a antropologia. Os seus estudos revelam não só a descoberta e levantamento da imagem do país, mas principalmente a sua sistematização.[29]

A representação da própria paisagem natural foi muito frequente, principalmente através da pintura ou de ilustrações. Os camponeses são sempre representados de rosto harmonioso, contemplativo, de grande serenidade e perfeita inserção no ambiente natural.

Numa primeira fase, a construção dos folclores nacionais, situou-se fora da perspectiva racista, embora, numa segunda fase, tenha sido apropriada pelos totalitarismos, atingindo o auge no século XX.[30]

A modelação sistemática da etnografia que o Estado Novo, com a sua *Política do Espírito*, cria a partir de 1933, vai ser posta em causa, a partir do final da II Guerra, com o aparecimento de um novo grupo de intelectuais que vão procurar a genuína cultura popular portuguesa através, principalmente, de recolhas musicais, tendo em Michel Giacometti e Fernando Lopes Graça, dois dos seus maiores vultos.

Foi na ideia de "valoração memorial das origens" e da Idade Média que também o Estado Novo veio filiar toda a sua actividade no campo do património, agora com uma interpretação e com objectivos bem díspares dos de Herculano.

Em Portugal, é a partir dos finais do século XIX que se começam a valorizar os estudos nestes domínios, mas só no século XX estes conquistam um lugar de destaque. Para isso, muito contribuiu o historicismo e o colonialismo, dois traços definidores do carácter português, que surgem como corolário do contacto que os portugueses tiveram com "povos exóticos

---

[28] *Idem*, pág. 43.

[29] *Idem*, pág. 58.

[30] Anne-Marie Thiesse, *A Criação das Identidades Nacionais*, Lisboa, Temas e Debates, 2000, pág. 179.

de vários continentes" e que permitiu um maior conhecimento dos estádios de evolução do homem.[31]

As obras de literatura portuguesa eram consideradas uma das grandes fontes da etnografia e do folclore, desde Gil Vicente a Luís de Camões, passando por Almeida Garrett[32], considerado mesmo o pioneiro dos estudos folclóricos, de forma científica, em Portugal, Júlio Dinis, Camilo Castelo Branco, Alexandre Herculano, entre outros, continham nas suas obras referências etnográficas de grande valor.[33]

A Etnografia tem tido numerosos cultores no nosso país, entre os quais, destaca-se a figura de Leite de Vasconcelos. Este considerava a Etnologia mais vasta que a Etnografia, ocupando-se do que é tema desta última e também "das origens e razão de ser dum povo, das leis a que obedece o seu desenvolvimento colectivo". Foi o fundador e o primeiro director do Museu Etnológico de Belém e desenvolveu inúmeros estudos, partindo de uma definição de etnografia como "o estudo do povo português, no que toca ao mais saliente da sua personalidade física e psíquica, às suas divisões, classes, tipos e alteração numérica ao longo das idades, aos seus costumes e ao seu habitat natural e histórico".[34]

Segundo Leite de Vasconcelos, a palavra etnografia aparece em Portugal pela primeira vez num estudo de Manuel de Almeida, publicado nas "Memórias Económicas da Academia das Ciências" em 1815.[35]

---

[31] *Idem*, p. 19.

[32] Garrett era frequentemente citado por realçar o cunho nacionalista da etnografia e do folclore, "o tom e o espírito verdadeiro português esse é forçoso estudá-lo no grande livro nacional, que é o povo e as suas tradições. Era um exemplo também no Brasil, onde a sua sentença "Nenhuma coisa é nacional se não é popular", figurava como legenda de institutos e museus de folclore. E Mário de Andrade, cujo nome se perpetua, além da sua obra entusiástica, no Museu de pesquisas folclóricas de S. Paulo, onde aquela afirmação do tão celebrado autor das "Viagens na Minha terra" é o lema orientador e inspirador dos seus trabalhos." Cf. "Do Folclore como Elemento de Formação Nacionalista", *Mensário das Casas do Povo*, Ano VII, nº 75, Lisboa, Junta Central das Casas do Povo, 1952, pp. 10-11.

[33] Fernando de Castro Lima, "Epítome dos Estudos Etnográficos em Portugal", *Mensário das Casas do Povo*, Ano III, nº 26 e 27, Lisboa, Junta Central das Casas do Povo, 1948, pp. 3-4.

[34] Citado por João Freitas Leal, *José Leite de Vasconcelos (1858-1941)*, Dicionário de História do Estado Novo, Volume II, Venda Nova, Bertrand Editora, 1996, p. 1002.

[35] Citado por Fernando de Castro Lima, "Epítome dos Estudos Etnográficos em Portugal", *Mensário das Casas do Povo*, Ano III, nº 25, Lisboa, Junta Central das Casas do Povo, 1948, pp. 3-4.

Em 1924, começa a editar-se a revista Portugália, que vem abordar entre os seus temas, a etnografia. Em 1926, no artigo *A terra Portuguesa – O Povo Português*, os portugueses são definidos como um povo de marinheiros valentes, onde as colónias têm um papel essencial, pois promovem a cultura e a língua portuguesa. Além de marinheiros eram também guerreiros valorosos que defenderam sempre a Pátria dos romanos, árabes, espanhóis e até dos exércitos de Napoleão, mantendo-se Portugal como uma "Nação livre, independente e original, possuindo uma linguagem, uma literatura, maneiras e costumes distinctos (...)."[36]

A etnografia passa a ter lugar de destaque com o Estado Novo, que apoia os estudos e a divulgação da cultura popular como parte do seu ideário político. A "folclorização" do povo serve para o submeter, para apregoar uma ideia de povo humilde, trabalhador e orgulhoso da sua condição miserabilista.[37] Esta imagem era revelada nos próprios museus etnográficos. De facto, a etnografia era considerada "a ciência mais nacionalista, no sentido sério da palavra e os etnógrafos os verdadeiros patriotas que defendem inteligentemente o culto sagrado da pátria." [38] Apesar disso, em 1948, não havia nas três Universidades, uma cadeira de "Estudos Etnográficos"que eram desenvolvidos em dois institutos, o de Antropologia da Universidade do Porto, dirigido pelo Prof. Dr. Mendes Correia, e o de Lisboa, dirigido pelo Manuel Heleno.[39]

A partir de 1933, a palavra Etnografia é utilizada por Leite de Vasconcelos, com o sentido de estudo da vida e da cultura de determinado povo, ficando a palavra folclore reservada só ao estudo da cultura espiritual.[40]

As transformações brutais que caracterizam o século XX, transformaram o mundo rural e tradicional, fizeram com que a sua essência corresse perigo;

---

[36] *Portugalia: Revista de Cultura, Tradição e Renovação Nacional* / Fidelino de Figueiredo. - Lisboa : Central das Juventudes Monarchicas Conservadoras, Fevereiro de 1926, pág. 176.

[37] Cf. Augusto Santos Silva, *Tempos cruzados. Um estudo interpretativo da cultura popular*, Lisboa, Edições Afrontamento, 1994, pp. 110-113.

[38] Fernando de Castro Lima, "Epítome dos Estudos Etnográficos em Portugal", *Mensário das Casas do Povo*, Ano III, n° 27, Lisboa, Junta Central das Casas do Povo, 1948, p. 4.

[39] *Idem*.

[40] Cf. Jorge Dias, *Etnologia, Etnografia, Volkskunde e Folclore*, Porto, Separata de Douro Litoral, Oitava Série, I-II, 1957, p. 15.

a industrialização acabou com essa imagem idílica do campo, onde o homem estava perfeitamente integrado na natureza, embora, em Portugal, tal só tenha ocorrido depois da década de 60, dado a importância que foi atribuída ao ruralismo por Salazar e que teve as suas consequências a nível da paisagem natural nacional.

De qualquer modo, o desenvolvimento da Etnografia, fez com que surgissem em Portugal estudiosos que logo alertaram para esse perigo, defendendo a criação de museus que guardassem a memória da cultura popular e dos valores a ela inerentes e que atraíssem turistas ansiosos de conhecer esse mundo que se perdia.

> É preciso que, hoje, mais do que nunca, se defenda o verdadeiro folclore dessa invasão terrivelmente destruidora que se intitula abusivamente popular e que a rádio propaga em todas as aldeias de Portugal. (...) Compete ao folclorista recolher a tradição oral, porque o povo é um grande escritor sem nunca ter lido uma palavra. Não basta arquivar cantigas, orações, romances, contos, adivinhas, mas também é preciso recolher trajos, registos, objectos de uso popular. São de uma importância capital os Museus regionais, onde se guardarão todas essas preciosidades, que demonstram que o povo é também um grande artista. (...) Os Museus são exposições vivas e permanentes, onde vamos encontrar tanta arte e tanta ciência, que documentam insofismavelmente o talento artístico do povo."[41]

Também Jorge Dias é defensor desta tese, apontando os exemplos do Norte e Leste da Europa, onde nasciam numerosos museus de etnografia.[42] Em Portugal, devia seguir-se este exemplo, criando um museu nacional que servisse de centro coordenador de toda a investigação nacional e regional.[43]

---

[41] Fernando de Castro Lima, "Epítome dos Estudos Etnográficos em Portugal", *Mensário das Casas do Povo*, Ano III, nº 25, Lisboa, Junta Central das Casas do Povo, 1948, p. 4.

[42] Dá como exemplo a Hungria, onde se contavam "46 magníficos museus de Etnografia, onde toda a vida material do passado, quer agrícola, quer pastoril, piscatória ou artesanal está exposta ao público." Jorge Dias, *Museu Nacional e Museus Regionais de Etnografia*, Barcelos, Museu Regional de Cerâmica, 1964, p. 16.

[43] *Idem*, p. 20.

De facto, só com museus vivos, onde se fizesse investigação, palestras, mostras variadas de objectos, imagens e som se poderia "compreender a história da cultura do povo."[44]

O próprio Leite de Vasconcelos considera a arte popular como a forma mais pura de arte, pois guarda a memória histórica sem o saber e constitui assim uma matéria de estudo virgem que deve ser mais valorizada do ponto de vista artístico e científico.

> O povo ainda é hoje o nosso maior artista. Ele conservou as formas tradicionais, puríssimas, da nossa cerâmica popular, que remontam à antiguidade clássica. Ele conservou nos objectos de madeira e nos tecidos, uma ornamentação fecunda em motivos e altamente artística, cujas origens se perdem em períodos históricos ainda mais remotos. Ele conservou os belíssimos padrões nacionais das nossas rendas. Ele conserva o segredo de progressos técnicos, a ciência de valiosas receitas, a inteligência de fenómenos importantes, enfim – numerosos conhecimentos, que nunca forma escritos e avaliados como merecem. Não sabemos o que vale essa fonte perene da nossa força nacional.[45]

Assim, podemos concluir que a Etnografia ajuda a definir a individualidade cultural de uma dada região e do povo que a habita, contribuindo para a sua afirmação. Dessa individualidade cultural facilmente se passa à política.

No nosso país, durante a vigência do Estado Novo, a evolução do regime corporativo, no sentido regional, com a criação de federações, adegas, celeiros, casas regionais, etc., veio dar maior alento ao movimento regionalista, chegando a ser constituído em Lisboa, no dia 27-2-1945, o Conselho Superior do Regionalismo Português, e eleito em reunião magna das casas regionais. Nesta altura, destacam-se as figuras de Sebastião Pessanha, Luís Chaves e Francisco Lage como estudiosos da etnografia e, principalmente, de arte popular. Para Sebastião Pessanha, a arte popular é uma parte importante

---

[44] *Idem*, p. 18.

[45] Citado por Fernando de Castro Lima, "Epítome dos Estudos Etnográficos em Portugal", *Mensário das Casas do Povo*, Ano III, nº 25, Lisboa, Junta Central das Casas do Povo, 1948, p. 4.

da etnografia, que deve ser sempre considerada, "podendo estudar-se a sua evolução em paralelo com a arte superior ou erudita."[46] Luís Chaves, considerado mesmo como o etnógrafo de serviço ao regime, escreveu diversos artigos na revista *Ocidente* sobre museus etnográficos, defendendo a sua existência em todas as cidades de modo a albergar toda a memória do povo. Aproveitando as Comemorações dos Centenários e o destaque que fora dado à arte popular, Luís Chaves, chega mesmo a afirmar que "aos museus etnográficos, que nas províncias ficam a marcar o ano centenário, larga e útil tarefa lhes está reservada. E a maior de todas é manter no povo os costumes tradicionais de são carácter, que não se envergonhe de os conservar, antes sinta estímulo de os continuar na boa expressão portuguesa. É a pedagogia em acção dos museus populares de 1940."[47]

Tabela I

Museu Regional Etnográfico	Data de inauguração
Museu Municipal de Ílhavo	1937
Museu Etnográfico Municipal da Póvoa do Varzim	1937
Museu de Etnografia de Vila Real	1940
Museu de Etnografia e História da Província do Douro Litoral	1940
Museu Provincial de Etnografia da Beira Alta	1943*
Grémio da Lavoura de Vila do Conde	1948 (?)

* Este Museu teve de facto um plano de organização bem delineado, porém, nunca foi concretizado. Cf. Matos, António Perestrelo de, "Museu Etnológico de Viseu", *Roteiro de Museus (Colecções Etnográficas), Região Centro (Beiras)*, Terceiro Volume, Lisboa, Olhapim Edições, 1999, pp. 97-101.

De facto, a tradição era encarada como o factor de continuidade de Portugal e a etnografia era a melhor mostra dessa mesma continuidade, pois "ser contínuo, quer dizer existir na sequência; ora o que tem sequência atravessa o tempo, mantendo formas e ideias, conservando o que há de essencial e adaptando o que é assimilável (...). Por isso, no povo português

---

[46] Pessanha, D. Sebastião, *A Arte Popular e a Moderna Etnografia*, Porto, Trabalhos de Antropologia e Etnologia, vol. XVII, Fas. 1-4, 1959, p. 143.

[47] Chaves, Luís, *Os Museus de Etnografia, padrões dos Centenários*, Lisboa, Ocidente, vol. VIII, red. prop. ed. de Álvaro Pinto, 1939/1940, p. 457.

se reconhecem todos os diferentes estratos históricos da Nação. (...) O povo é corpo vivo, a tradição é a linguagem da sua alma."[48]

Por tudo isto, era tão importante difundir o conceito de museu popular, de modo a que este aspecto fosse cada vez mais valorizado e logo, mais protegido contra a "evolução má da tradição popular portuguesa".[49] O primeiro museu a ser inaugurado, a 14 de Junho de 1940, pela Comissão Executiva dos Centenários foi o de Vila Real, dividido nas seguintes secções: Tecelagem, Artes e Ofícios, Casas típicas, Religião, Trajes regionais, Reconstituição de um quarto e de uma cozinha.[50]

Luís Chaves defende a criação de um Museu de Arte Popular em Lisboa, como forma de educar o povo da cidade, pois que "linda sala de galeria marítima se organizaria (...), com toda esta fé, esta alegria de sonho, este instinto de arte, se porventura alguém empreendesse a criação de tão original museu".[51] Portanto, a ideia seria criar um grande museu em Lisboa, que seria o exemplo para todos os outros, regionais.

Em 1963, permanecia ainda a ideia de criação deste tipo de museus. Em Coimbra, existiu também desde cedo o desejo de albergar o Museu de Etnografia das Beiras que se justificava pela importância histórica que a região representava para a formação de Portugal, pois aí haviam nascido "os portugueses que em Viriato tiveram a sua origem".[52]

Para além dos museus, a literatura era considerada como "o mais seguro e mais constantemente activo dos instrumentos de cultura"[53], pecando apenas por não ser uma "imagem viva". Essa imagem viva só podia ser transmitida pelo museu que funcionava como um quadro de todas as realizações da Ditadura.

---

[48] Luís Chaves, *Portugal: Breviário da Pátria para os Portugueses Ausentes*, Lisboa, Edições SNI, 1946, p. 59.

[49] Luís Chaves, *Portugal: Breviário da Pátria para os Portugueses Ausentes*, Lisboa, Edições SNI, 1946, p. 59.

[50] Chaves, Luís, *O Museu Etnográfico de Vila Real*, Lisboa, Ocidente, vol. X, red. prop. ed. de Álvaro Pinto, 1940, p. 296.

[51] Chaves, Luís, *O Museu Etnográfico de Vila Real*, Lisboa, Ocidente, vol. X, red. prop. ed. de Álvaro Pinto, 1940, p. 443.

[52] *O Museu de Etnografia das Beiras e o Museu de Artesanato Português a criar em Coimbra*, Arquivo Coimbrão, volume XXIII, Coimbra, Coimbra editora, 1968, pp. 123-125.

[53] *A obra colonial do Estado Novo*, Lisboa, Secretariado de Propaganda Nacional/ Agência Geral das Colónias, 1942, p. 77.

Para além de ser um elemento de identidade nacional, a etnografia é um elo de união entre todo o "mundo português", representando assim uma "unidade cultural das mais vivas e das mais cheias de possibilidades."[54]

Chega mesmo a comparar a tradição à geologia, pois ambas são compostas por camadas de tempos e de influências várias, por "uma lenta e contínua aglomeração de parcelas constituintes", mas, apesar disso, a tradição é "um corpo vivo que não se esgota, enquanto a estratificação geológica é inerte e esgotável". A "alma colectiva" do povo português é exactamente a tradição, a cultura popular, construída ao longo de várias gerações e que se mantém como um fenómeno cultural em constante movimento, influenciada pelos ventos populares da América do Norte, do Brasil ou do Oriente Asiático.[55]

Por ser um fenómeno de todo o mundo português, Luís Chaves defende a criação de um museu etnográfico do Império, onde todas as províncias estivessem representadas, as de Portugal Continental e Ilhas europeias e as de Portugal ultramarino. Em 1934, proferia o seguinte discurso aquando do I Congresso Nacional de Antropologia Cultural:

> Ninguém porá em dúvida esta verdade: Portugal tem a obrigação histórica e a necessidade política inadiável de organizar o museu etnográfico do seu Império. (...) Na construção do Nacionalismo inteligente, rota espiritual em que caminhamos, impõe-se o museu do Império Português, como demonstração do quanto fomos, prova de quanto somos e alto farol do que devemos ser.[56]

Um museu que representasse Portugal e a "obra civilizadora dos portugueses através dos tempos"[57]. Um elemento de destaque neste plano

---

[54] Luís Chaves, *Nos Domínios da Etnografia Portuguesa*, Lisboa, Ocidente, vol. LII, red. prop. ed. de Álvaro Pinto, 19?, p. 32.

[55] Luís Chaves, *A alma colectiva do Povo Português*, Revista Atlântico, nº 1 Lisboa/ Rio de Janeiro, Edição SPN e do Departamento de Imprensa e Propaganda, 1942, p. 64.

[56] Luiz Chaves, *Museu Etnográfico do Império Português, sua necessidade – um plano de organização*, Porto, Extracto das Actas do I Congresso Nacional de Antropologia Colonial, 1934, p. 3.

[57] Luiz Chaves, *Museu Etnográfico do Império Português, sua necessidade – um plano de organização*, Porto, Extracto das Actas do I Congresso Nacional de Antropologia Colonial, 1934, p. 3.

de Luís Chaves era a presença de versos dos Lusíadas nas várias partes constituintes do museu:

> Pairará Camões nas salas do museu, com estâncias ou fragmentos alusivos de estâncias.

São sugeridas as seguintes secções para o futuro museu: Europa, subdividida em Europa Continental (províncias portuguesas) e Europa Insular (Madeira e Açores). A segunda secção era dedicada a África, com uma secção complementar dedicada a Marrocos; a 3ª secção dirigia-se à Ásia com os "núcleos de influência" devidamente representados e a 4ª secção representaria a Oceânia com Timor em destaque. Haveria ainda espaço para uma secção complementar da América, salientando a existência de uma "alegoria da Independência do Brasil, como raio que cintilou da actividade espiritual da Nação Portuguesa"[58]. Por fim, figuravam uma secção complementar de folclore e uma de bibliotecográfica (livros, monografias, mapas, jornais, revistas...).

Esta ideia nunca chegou a ser concretizada durante a vigência do Estado Novo, apesar de ter tido numerosos cultores.

A arte popular acabava por ser de fácil leitura para todos os observadores, pois todos, de uma maneira ou de outra, conheciam esse mundo popular que funcionava como traço de união de mundos completamente diferentes. Não era assim, necessário nenhum tipo de conhecimento erudito para a decifrar, o que também se devia ao facto de a obra de arte popular ter a emoção por origem, estando mais perto das características locais, podendo ser lida como um documento vivo e autêntico do povo sem estar sujeita a influências externas ou a leis de mercado.[59]

Para além da criação dos museus, também era defendido o ensino da Etnografia a partir da escola primária. Esta ciência devia ser do conhecimento de "todos quantos educam (...) Pai, Professor, Padre, Mestre de Oficina,

---

[58] Luiz Chaves, *Museu Etnográfico do Império Português, sua necessidade – um plano de organização*, Porto, Extracto das Actas do I Congresso Nacional de Antropologia Colonial, 1934, p. 19.

[59] Jorge Dias, *Acerca do Conceito de Etnografia*, Lisboa, Separata do Petrus Nonius, 1946, p. 6.

Capataz de Trabalho, Instrutor Militar," abrindo-se a excepção apenas para o pai, que "pode ser ignorante." Comparando a importância da Etnografia com as outras disciplinas, Luís Chaves explica que "se a Geografia de Portugal ensina como é e o que é a terra Portuguesa, em todos os seus aspectos naturais, e se a História de Portugal inscreve quanto a gente portuguesa fez através de todos os tempos, só a Etnografia Portuguesa investiga e descreve, surpreende e explica a essência espiritual do Português."[60]

A Escola Primária surgia como veículo prioritário desta cultura popular, pois a sua missão era preparar o aluno para a vida dentro da sua freguesia. Os alunos fariam trabalhos variados dentro desta temática, como escrever quadras, reprodução de ferramentas, confecção de trajes regionais, que depois seriam apresentados no final do ano numa exposição na Casa do Povo, constituindo um pequeno "Museu Escolar".[61]

> Caberia ao professor primário criar na sua escola pequenas bibliotecas e museus para elucidação dos alunos, dando-lhes, com os objectos recolhidos inesquecíveis noções práticas de vida e do trabalho, o conhecimento perfeito da função e da origem de certos instrumentos, estimulando-lhes o gosto e o amor por eles e pelo que representam na vida do homem, pondo em relevo a poesia do trabalho.[62]

A inclusão desta ciência nos programas escolares seria uma forma de desenvolver nas crianças "um sentimento forte de nacionalismo" e uma educação tradicionalista. Como complemento desse estudo, os alunos

---

[60] Falcão Machado, "Etnografia e Escola," *Mensário das Casas do Povo*, Ano VI, n. 62, Lisboa, Junta Central das Casas do Povo, 1951, pp. 10-11.

[61] Falcão Machado, "Etnografia e Escola," *Mensário das Casas do Povo*, Ano VI, n. 62, Lisboa, Junta Central das Casas do Povo, 1951, pp. 10-11. Em 1945, num artigo dedicado aos museus, da Grande Enciclopédia Portuguesa e Brasileira, eram enumerados 109 museus, dos quais, apenas 4 eram classificados como "nacionais", os restantes são designados como regionais ou municipais e somente um é localizado nas antigas colónias (Moçambique).
O autor faz a apologia da existência de museus escolares e pedagógicos em todas as instituições do país, apresentando a sua definição e o modo como deviam ser organizados. Cf. *Grande Enciclopédia Portuguesa e Brasileira*, vol. XVIII, Lisboa/ Rio de Janeiro, Editorial Enciclopédia Limitada, 1945, pp. 230-279.

[62] "Do Folclore como Elemento de Formação Nacionalista", *Mensário das Casas do Povo*, Ano VI, nº 75, Lisboa, Junta Central das Casas do Povo, 1952, pp. 10-11.

poderiam visitar a Casa do Povo, onde encontrariam "um pequeno museu regional com elementos preciosos (...) para ilustrar as suas lições etnográficas e folclóricas. Desde as peças de artesanato, dos instrumentos rurais, dos trajes, dos trabalhos de cerâmica (....) aos simples bonecos de barro tudo ali está reunido (...)." Para que os alunos tivessem uma melhor panorâmica da etnografia nacional e como cada museu era representativo da localidade, o professor podia acompanhar a visita de sessões de leitura, utilizando os livros da biblioteca. A articulação entre a Escola e a Casa do Povo era essencial e as "vantagens morais, espirituais e até materiais" eram muitas.[63]

A etnografia foi vista por estes homens como a ciência que justificava as suas teorias nacionalistas. A identidade nacional confundia-se com a tradição e esta estava guardada na memória colectiva do povo. Agora que ela estava em perigo devido à "invasão estrangeira" e ao "perigo citadino" era necessário criar espaços onde pudesse ser mantida, defendida e imitada. Esses espaços eram os museus etnográficos.

---

[63] Heloísa Cid, "A Etnografia perante o Ensino Primário." *Mensário das Casas do Povo*, Ano VII, nº 63, Lisboa, Junta Central das Casas do Povo, 1951, pp. 7-8.

2. A *Política do Espírito* e a Cultura Popular

A crise do modelo liberal do início do século XX provocou o desencadeamento na Europa de ditaduras conservadoras e autoritárias. A grave crise económica que assolou a Europa no final da I Guerra Mundial criou condições para uma via revolucionária alternativa à bolchevista, assente em versões do corporativismo e harmonia social, na qual o Estado e o seu chefe se elevam a depositários do superior interesse nacional.

Portugal, no início dos anos 30, mantinha-se um país rural e dependente. As elites, conservadoras e ruralistas, concediam um forte apoio à implementação de um Estado forte e autoritário. A sociedade mantém o modelo familiar como base, pilar histórico da autoridade, que depois se alastra à comunidade, privilegiando os valores: Deus, Pátria, Família, Autoridade e Trabalho.

O Estado tornou-se, assim, a encarnação da própria Nação e esta fórmula funcionou em pleno na redescoberta da identidade portuguesa.

Em 1933, António Ferro torna-se o homem forte da cultura do regime do Estado Novo, ao ser escolhido por Salazar para dirigir o então chamado Secretariado de Propaganda Nacional,[64] instrumento fundamental na dominação dos espíritos que se pretendia atingir. Salazar demarcou como grande missão do Secretariado "elevar o espírito da gente portuguesa (...) como grupo étnico, como meio cultural, como força de produção".[65] O seu

---

[64] A partir de 1944, transformado em Secretariado Nacional de Informação Cultura Popular e Turismo, (SNI), passou a acumular os serviços de censura e informação e de Inspecção-Geral dos Espectáculos. Dirigia também a EN (Emissora Nacional de Radiodifusão) desde 1940. Cf Jorge Ramos do Ó, *Os anos de Ferro – o dispositivo cultural durante a "Política do Espírito" 1933-1949*, Lisboa, Editorial Estampa, 1999, p. 54.

[65] *Catorze anos de Política do Espírito*, Lisboa, SNI, 1948, p. 15.

objectivo era encenar e glorificar as realizações do regime porque "Politicamente só existe o que o público sabe que existe".[66]

Neste âmbito, o SPN teria como função principal ser o intermediário entre a obra do Estado e o povo. Para atingir esses objectivos, Ferro vai criar diversos projectos, delineando o que ele próprio designou por *Política do Espírito*.[67]

Para além do SPN, foram criados outros organismos de controlo como a Junta Nacional de Informação, que regularia as actividades das colectividades e instituições ligadas ao saber, a Mocidade Portuguesa, que acentuaria o seu papel junto das juventudes e a FNAT (Fundação Nacional para a Alegria no Trabalho), que desenvolveria actividades que ocupassem os tempos livres dos trabalhadores.[68]

Porém, foi o Secretariado, dirigido por Ferro, que exerceu maior influência junto ao povo devido à construção da imagem que conseguiu criar da Ditadura. Ferro conseguiu perceber que os espectáculos, a cor, o folclore e a festa podiam ter um efeito de máscara para o Estado fascista,[69] que necessitava de uma certa maquilhagem para esconder as prisões, as torturas e a alienação dos direitos civis e políticos dos indivíduos.

A propaganda acabou por ser mesmo a arma mais forte, contrapondo sempre o clima de paz e prosperidade que se vivia em Portugal nos anos 40, à guerra que alastrava na Europa e demarcando a acção do Estado Novo do período conturbado da República.

---

[66] *Idem*, p. 13.

[67] António Ferro, em 1932, afirma a indispensabilidade de uma Política do Espírito, num artigo de Diário de Notícias de 21 de Novembro, expressão que tomou do título de uma conferência de Paul Valéry. Dentro desta Política, Ferro fazia a apologia de uma arte de vanguarda, posição reforçada pela vinda a Portugal de Marinetti que terminou a sua conferência citando Mussolini: "A vanguarda...tem sempre razão". Cf. *Carlos Ramos. Exposição retrospectiva da sua obra*, Lisboa, Fundação Calouste Gulbenkian, 1986 (catálogo).

[68] Fernando Rosas (coord.), *Nova História de Portugal, Portugal e o Estado Novo (1930-1960)*, volume XII, Lisboa, Editorial Presença, 1992, pp. 398-400.

[69] Sobre a eterna questão de Portugal ser ou não considerado um fascismo, questão essa que não é pertinente desenvolver no presente estudo, consultar a obra de Manuel Braga da Cruz, *O Partido e o Estado no Salazarismo*, Lisboa, Presença, 1988 e Luís Reis Torgal, "Salazarismo, Alemanha e Europa. Discursos políticos e culturais", *Revista de História das Ideias*, vol. 16, Coimbra, Instituto de História e Teoria das Ideias da Faculdade de Letras da Universidade de Coimbra, 1994, pp. 73-104.

O grande homem da propaganda do Estado Novo foi, pois, sem sombra de dúvida, António Ferro[70], ligado aos primórdios do modernismo em Portugal e à edição da revista *Orpheu*, ajustando-se depois às políticas estatais. Ferro acaba por desvincular-se das ideias da sua juventude, mais, vira-se contra elas e adopta a ideologia oposta. É em 1932, com a série de entrevistas a Salazar que se vislumbra essa mudança que lhe vai possibilitar a transfiguração do próprio discurso político. Ferro começa a combater o avanço do modernismo e propõe uma aliança entre a arte tradicional e a vanguarda. Deste modo seria possível impor limites à arte moderna. Ora isto não é mais do que uma censura mascarada, um modo de cercear a criatividade artística e as suas manifestações.

É sabido que o SPN/SNI desenvolveu uma série de concursos, exposições, publicações em que sobressaíam os nomes de alguns artistas, mas outros houve que nunca participaram destas actividades como forma de protesto, ou outros casos que, numa fase inicial, colaboram com o regime, cortando depois essa ligação.[71] Ao mesmo tempo que se celebravam os Centenários na Exposição do Mundo Português em Belém, era realizada a primeira exposição com laivos surrealistas, com telas de protesto e revolta pela situação vivida no mundo em guerra, na primeira galeria de arte moderna, a UP[72], fundada por António Pedro e Tomás de Melo (Tom), curiosamente, dois artistas ligados ao SPN.

---

[70] António Ferro foi colega de Mário de Sá-Carneiro no liceu e torna-se seu amigo. Estreia-se literariamente, em 1914, com "Missal de Trovas", lançando-se assim no mundo cultural de então. A convite de Sá Carneiro integra o grupo do *Orpheu*, passando a ser editor da revista modernista. Foi também redactor do jornal "O Século" (1920), crítico teatral do "Diário de Lisboa" (1922), director da Ilustração Portuguesa" (1922) e redactor do "Diário de Notícias" (1923). Foi a entrevista com Gabriele D'Annunzio, publicada depois em livro em 1922 (*Gabriele D'Annunzio e Eu*), ao serviço de "O Século" que o catapultou para o ciclo de entrevistas que se seguiram. Entre 1920 e 19230, ao serviço do "Diário de Notícias", vai escrever vários textos do género: *Viagem à volta das Ditaduras* (1923/1924), *Praça da Concórdia* (1929), *Novo Mundo, Mundo Novo* (1930), *Prefácio da República espanhola* (1933), *Salazar, o Homem e a sua Obra* (1933) e *Homens e Multidões* (1941), livro este composto por crónicas e entrevistas a várias personalidades, entre as quais Mussolini, Primo de Rivera, Oliveira Salazar. Era portanto um admirador confesso das ditaduras e Estados fascistas da Europa e, no campo das artes, considerava-se um vanguardista, tentando sempre aliar a tradição ao "modernismo". Cf. Ernesto Castro Leal, *António Ferro: espaço político e imaginário social: 1918-1932*, Lisboa, Edições Cosmos, 1994, pp. 33-35.

[71] Veja-se o exemplo de Keil do Amaral ou Cassiano Branco na arquitectura ou Mário Eloy e António Pedro na pintura.

[72] Foi nesta galeria que se realizou a primeira exposição da pintora Maria Helena Vieira da Silva, em 1935, organizada por António Pedro.

Esta componente passadista é extremamente importante porque, no final, acaba por negar a vanguarda e enaltece o nacionalismo. A arte, utilizada pelo poder como uma valiosa arma de propaganda, encarrega-se assim de enaltecer as formas de vida pré-industriais[73], ou seja, as tradições populares.

Directrizes da "Política do Espírito"

A "Política do Espírito" delineou um programa intelectual com o objectivo de realizar uma verdadeira revolução cultural que atingisse todas as camadas da população, dos intelectuais aos mais humildes. Dentro desta revolução cultural criavam-se modelos que não deviam ser descurados. Deste modo, António Ferro definiu alguns vectores, onde se encaixavam as suas grandes linhas de pensamento como os museus e a cultura popular, a literatura e a história, o cinema de gesta, de epopeia, de cariz nacionalista, o teatro do povo, os jogos e tradições regionais ou o bailado de inspiração popular.

Portanto, política do espírito, segundo palavras do próprio António Ferro consistia na "defesa material da inteligência, da literatura e da arte, de todas as manifestações espirituais que nos libertam do realismo (...) que nos facilitam a evasão do quotidiano. (...) Política do espírito é aquela que se opõe (...) à política da matéria".[74]

Apesar de dar a ideia de uma total liberdade de criação e independência do espírito, logo Ferro impõe fronteiras às suas ideias, definindo que há dois tipos de "inquietação" criativa, uma que procura a ordem e é construtiva e outra que busca a desordem e é inspirada pelo Diabo. Assim, os objectivos da política do espírito eram limitados por balizas morais e espirituais rígidas.

A 26 de Outubro de 1943, António Ferro pronuncia um discurso por ocasião da homenagem que lhe foi prestada para assinalar o *X Aniversário do Secretariado de Propaganda Nacional.* [75]

---

[73] Citado por Jorge Ramos do Ó, "Modernidade e Tradição Algumas Reflexões em Torno da Exposição do Mundo Português", *O Estado Novo. Das Origens ao fim da Autarcia.*, Lisboa, Fragmentos, 1987, pp. 177-185.

[74] António Ferro, *Prémios Literários (1934-1947)*, Lisboa, Edições SNI, 1950, p. 18.

[75] António Ferro, *Dez anos de Política do Espírito: 1933-1943*, Lisboa, Edições SPN, 1943, p. 17.

Começa por se dirigir àqueles que não acreditavam no seu nome para dirigir um organismo sério, que o apelidaram de louco futurista, pois havia pertencido ao grupo Orpheu. Ferro foi considerado um nome controverso devido às suas posições modernistas, porém ele considerava-se na vanguarda do seu tempo, tendo sempre presentes as palavras de Salazar aquando do convite para dirigir o SPN, "Seja verdadeiro. Defenda o essencial. Proteja o Espírito." Ferro deduziu que o objectivo era criar uma nova mentalidade cultural, ligada ao passado, mas virada para o futuro. O essencial era defender a cultura portuguesa. Para proteger o espírito, Ferro queria "um Portugal de alma antiga e de sensibilidade nova", provando, deste modo, que nacionalismo e vanguardismo não são incompatíveis, mas antes que se completam, como ficara provado na Exposição do Mundo Português.

De facto, a Exposição demonstrou uma mistura entre elementos da arquitectura internacional e motivos tipicamente portugueses, mas foram estes que se salientaram, dando um "ar tipicamente português" à Exposição e contribuindo para a ideia de que existiu um "estilo português de 1940".[76]

Apresenta em seguida uma lista das actividades realizadas nos dez anos à frente do Secretariado, referindo também os seus projectos para o futuro que contavam com uma renovação das artes gráficas, a formação de uma equipa de artistas para as exposições, a ressurreição do folclore e a criação do bailado português. Para além disso, aposta ainda na resolução do problema hoteleiro através das brigadas de hotéis e das pousadas na criação do Museu do Povo Português.

Nas actividades por realizar destaca o Estatuto do Turismo, o fomento do cinema português, "formidável arma de propaganda"[77], a realização de uma campanha de educação popular, cívica e artística através do teatro. Refere ainda a organização económica das pequenas indústrias populares através do Museu do Povo Português e a consolidação do Verde-Gaio.

---

[76] Jorge Ramos do Ó, "Modernidade e Tradição Algumas Reflexões em Torno da Exposição do Mundo Português", *O Estado Novo. Das Origens ao fim da Autarcia.*, Lisboa, Fragmentos, 1987, p. 184.

[77] António Ferro, *Dez anos de Política do Espírito: 1933-1943*, Lisboa, Edições SPN, 1943, p. 23.

Imagens do cenário da Companhia de Bailados Verde Gaio.

O imaginário dos seus figurinos dava vida aos objectos populares do Museu de Arte Popular.

Uma das linhas chave desta política era a reanimação da chamada cultura popular, que tinha como bandeira o fomento da arte popular e que era necessário aproveitar como propaganda contra tudo aquilo que era moderno ou novo. Dentro deste conceito foram elaborados vários projectos tal como o Concurso da Aldeia mais Portuguesa de Portugal, a criação do grupo de bailados Verde-Gaio, a participação em Exposições Internacionais, o Centro Regional do Mundo Português, posteriormente transformado em Museu do Povo Português. Tudo isto, com o objectivo de elevar o nível sem esquecer as origens, "de ser moderno, sem deixar de ser antigo".[78] Claro que este objectivo implicava uma subjugação da arte moderna e, por último, uma guerra aberta às novas ideologias.

O Verde-Gaio

O grupo de bailados Verde-Gaio, criado em 1940, tinha como objectivo dar vida à arte popular, revitalizando o folclore e ressuscitando todos os objectos e riquezas feitas pelos artesãos. Através das figuras dos seus

---

[78] António Ferro, *Prémios Literários (1934-1947)*, Lisboa, Edições SNI, 1950, p. 194.

bailarinos, "começam a animar-se, a ganhar vida e arte, todos aqueles objectos ingénuos e familiares do Centro Regional: as flores de papel, as filigranas, as olarias, os trajos, as mantas, os chapéus festivos, os instrumentos populares, harmónios e adufes, as próprias mãos bailarinas das bordadoras." [79] Muitas vezes, os espectáculos eram acompanhados por exposições de arte popular, como aconteceu em Madrid, em 1943.

Havia muito tempo que António Ferro, grande admirador dos bailados russos, tentava formar, em Portugal, uma Companhia de Bailado. Pensava ele que havia muito material a trabalhar, mas era necessário evitar que se confundisse com o folclore.

A Exposição do Mundo Português, da qual era secretário dos Centenários e responsável pelo Pavilhão Portugal de Hoje e pelo Centro Regional, deu-lhe a oportunidade que precisava. A estreia esteve marcada para o Teatro do Pavilhão de Honra, construído no recinto, mas os sucessivos atrasos adiaram-na para o Teatro da Trindade, a 8 de Novembro de 1940, com o seguinte programa: 1º A Lenda das Amendoeiras; 2º Inês de Castro; 3º O Muro do Derrete.

---

[79] *Verde-Gaio, palavras de apresentação por António Ferro*, Lisboa, Edições SPN, 1940.

António Ferro convidou o bailarino e coreógrafo Francis Graça, considerado o criador do bailado português, para integrar a Companhia. Francis, figura muito retratada pelos modernistas portugueses, foi lançado por António Ferro em 1925 no Teatro Novo. Figura controversa e mal amado pelo público, no início, atingiu depois grande sucesso, representando Portugal na França, Argentina, Brasil...[80]

Os temas representados pela companhia tinham um cariz muito popular e regionalista, mas todos eles acabavam por conter uma mensagem oculta, o povo português era profundamente religioso, trabalhador e "folclórico". Portugal era apresentado como um mapa de regiões coloridas e encantadoras, quase como se fosse um presépio encantado à espera de ser descoberto. Como o próprio Ferro explicava:

> Portugal, precisamente, é um dos países da Europa mais ricos em motivos de bailado. Por todo o país, de Norte a Sul, enterrados ou simplesmente desconhecidos, encontram-se temas infinitos, duma alta qualidade poética, para serem transformados em coreografia. Foi a essa obra que o Secretariado de Propaganda Nacional se entregou quase desde a sua fundação. Exposições de Arte Popular, exibições nacionais e estrangeiras do nosso folclore, publicações da especialidade, Concurso da Aldeia mais Portuguesa, não foram mais do que simples escavações para trazer à superfície certas expressões coloridas e rítmicas da alma nacional, os gestos eternos da raça, o seu desenho interior tornado visível.[81]

---

[80] Os recitais de dança que Francis realizou eram um embrião do Verde Gaio. Eis um exemplo de um programa-tipo apresentado no Brasil, em 1937:
I Parte; 1. Minho. Alegria Popular. Ruy Coelho; 2. Trás-os-Montes. Ruy Coelho; 3. Algarve. Corridinho. Frederico de Freitas; 4. Beira Alta. Pastores. António Melo; 5. Alentejo. Guardadores de Gado. António Melo; 6. Beira Baixa. Chula. Ruy Coelho; II Parte; 1. Ribatejo. Fandango. Frederico de Freitas.; 2. Douro. Ruy Coelho; 3. Nazaré. Gente do Mar. Frederico de Freitas; 4. Arredores de Lisboa. Noite de S. João; 5. Lisboa. Fado. Frederico de Freitas.
Cf. *Verde-Gaio: Uma Companhia Portuguesa de Bailado (1940-1950)*. Lisboa: Instituto Português de Museus, 1999 (catálogo).

[81] António Ferro, *Verde-gaio (1940-1950)*, Lisboa, SNI, 1950, p. 17.

Concursos e exposições

Outro dos seus projectos foi o concurso da Aldeia mais Portuguesa de Portugal, do qual saiu vencedora a aldeia de Monsanto, que, no ano de 1938, ostentou, orgulhosa, o Galo de Prata, "galo que simboliza o apelo ao trabalho." Considerou António Ferro, que Monsanto tinha todas as características para ser considerada como tal, pois encarnava a alma portuguesa através da sua pobreza dignificante, onde o povo vivia simples mas feliz, guardião das tradições seculares do país, trabalhando de sol a sol, sempre a cantar porque rico espiritualmente, "mais ávido de bens espirituais – a Escola, a Igreja, a Família – do que materiais."[82] Nestas palavras estava patente a mensagem que a propaganda queria que se transmitisse. Portugal era um país dominado, sem lutas sociais ou problemas económicos. O povo simplesmente resignava-se à vontade de Deus que era encarnada pelo próprio regime. Por isso, devia aceitar a pobreza como algo dignificante porque ela era natural e fazia parte das características portuguesas.

Quanto à arte popular, propriamente dita, o SPN, começou por fazer a sua divulgação em exposições nacionais e no estrangeiro (Tabela II). Na realidade houve um aproveitamento e mesmo uma recriação do folclore português com objectivos precisos, pois a arte popular era considerada a poesia do povo e, por isso, facilmente apreendida por este. Através de figurinos abonecados e coloridos era mais fácil passar a mensagem de que a vida rural era um autêntico sonho. Em 1935, foi enviada para a "Quinzena de Arte de Genebra" uma colecção de bonecas regionais, juntamente com outro tipo de objectos como jugos, rocas, mantas e tapetes, entre outros. Esta exposição foi depois repetida e ampliada para as exposições de Paris, em 1937 e de Nova Iorque, em 1939. Foi este o embrião do Centro Regional e do futuro Museu de Arte Popular.

---

[82] António Ferro, *Prémios Literários (1934-1947)*, Lisboa, Edições SNI, 1950, p. 93.

Tabela II

Data	Local	Exposição	Conteúdo
1934	Porto	Exp. Colonial	Pavilhão do Conselho Nacional de Turismo, com a divisão em regiões de Portugal e um mapa alusivo aos monumentos nacionais.
1935	Genebra	Quinzena de Arte	Exposição de Arte Popular
	Lisboa	Exp. do SPN	Exposição de Arte Popular
1937	Paris	Exp. Internacional	Pavilhão da autoria de Keil do Amaral com 8 salas temáticas, uma das quais reservada à arte popular. Arquitectura de rasgo moderno.
1939	Nova Iorque	Exp. Internacional	Pavilhão da autoria do arqt° Jorge Segurado, sob o tema "O Mundo de Amanhã"., imitando uma habitação alentejana. A sala "Portugal de Hoje" tinha uma secção dedicada ao turismo e arte popular.
	S. Francisco	Exp. Internacional	Pavilhão neobarroco da autoria de Jorge Segurado com alusões às Descobertas e à arte popular.
1940	Lisboa	Exposição do Mundo Português	Centro Regional e Aldeias Portuguesas da autoria de Veloso Reis, João Simões e Rogério de Azevedo.
1942	Lisboa	Exposição da Aldeia de Monsanto	Exposição do material recolhido no concurso "Aldeia mais Portuguesa de Portugal".
	Lisboa	Exp. do SPN	Exposição de Colchas de Noivado de Castelo Branco.
1943	Madrid	Exp. do SPN	Exposição de Arte Popular
1944	Valência	Grande Feira de Amostras	Mostruário de Trajos Populares Portugueses
	Sevilha	Feira de Sevilha	"Estampas Portuguesas". Exposição de Arte Popular.
1945	Lisboa	Exp. do SPN	Trajos Regionais de Viana do Castelo.
1946	Lisboa	Exp. do SPN	Exposição de Tapetes de Arraiolos.

Fontes: *Catorze Anos de Política do Espírito*, Lisboa, SNI, 1948; "Exposições Internacionais", *Dicionário do Estado Novo*, Vol.I, Lisboa, Bertrand Editora, 1996, pp. 333-339.

O turismo

Todos estes projectos tinham por objectivo desenvolver a economia turística em Portugal, considerada como uma das actividades económicas naturais de Portugal. A arte tinha também um papel neste projecto, uma vez que era uma grande arma turística.

Como principais problemas do turismo, Ferro, em discurso pronunciado para os delegados das Comissões e Juntas de Turismo em 1943, aponta o atraso da indústria hoteleira, a ausência de medidas de higiene em zonas turísticas, a mendicidade – espectáculo degradante e humilhante – mau gosto da publicidade turística e falta de utilização da riqueza folclórica das várias regiões turísticas. O folclore como arma turística, como imagem do país higiénico e ordenado, com um povo alegre e sorridente que recebe os turistas de braços abertos. O sorriso deve ser a "palavra de ordem para as fronteiras dos países amáveis, calmos, dos países que são refúgio. Quando o viajante fatigado, mal-humorado, mal dormido, sujo, chega à fronteira desses países deve sentir uma impressão de leveza, de mundo novo (...) deve sentir que chegou a um país diferente, onde tudo é mais fácil, onde a vida escorrega, sem asperezas nem inquietações."[83]

No clima da II Grande Guerra que então se vivia na Europa, Portugal tinha de ser visto como uma zona de refúgio, de paz, como o verdadeiro oásis da Europa atormentada, devastada. Assim, a fronteira não podia ser encarada como um local de tortura, mas como uma sala de visitas. O objectivo era realizar uma obra séria de turismo e uma obra indiscutível de boa propaganda nacional, que se coadunava com uma das ideias base do projecto: o nacionalismo, aliado a uma ideia de rusticidade típica do país.

Não podia deixar de estar presente uma alusão clara à arte popular como cartão de visita do país, com esse cheiro rústico que acaba por ser cheiro do céu, numa expressão citada por Ferro do livro "A Cidade e as Serras"

---

[83] António Ferro, *Turismo, fonte de riqueza e de poesia*, Lisboa, Edições SNI, 1949, p. 26.

Ilustrações do livro "Quelques Images de L'Art Populaire Portugaise". Retratam o artesanato cerâmico regional, desde o Minho ao Alentejo. Este livro destinava-se à promoção da imagem do país no estrangeiro.

de Eça de Queirós, obra também ela cara ao regime por fazer a apologia do viver rural, humilde e submisso. [84]

A visão do trajo regional, acompanhado por um sorriso feminino, seria a melhor maneira de dar as boas vindas do turista ao país calmo, limpo e pitoresco que era Portugal.

Claro que o incremento do turismo em Portugal só tinha sido possível através da acção reformadora do Estado Novo, que primeiramente resolveu o problema da ordem pública e das revoluções e posteriormente construiu estradas e restaurou os monumentos, obras que Ferro considerava a matéria-prima do turismo. Este projecto foi também acompanhado pela construção das Pousadas de Portugal, desenvolvendo um conceito de turismo rural, bem patente no discurso de inauguração da primeira pousada em Elvas, em 1942, onde faz a apologia de pequenos hotéis, arquitectados e decorados ao gosto da região, rejeitando a mania doentia dos *Palaces*. A ideia de fazer tudo como em Lisboa é comparada ao facto de as raparigas do campo tentarem imitar as senhoras da cidade, largando assim os trajos

---

[84] Há uma lista de livros de autores portugueses que vão ser autênticos referenciais para a ideologia salazarista. Sobre este assunto ver Jorge Ramos do Ó, *Os anos de Ferro*, pp. 128-152.

Ilustrações do mesmo livro com os tipos regionais.

regionais, o linho saudável das rocas primitivas. Isto é, modo de vida saudável e afável é o do campo, pois na cidade tudo é desvirtuado, por isso os citadinos se sentem bem na tranquilidade imóvel do campo. Também a ordem espiritual e poética não foi esquecida e, para isso, todas as Pousadas foram baptizadas com nomes de santos populares: Santo António, São Lourenço, Santa Luzia...[85]

Dentro da *Política do Espírito*, o regionalismo ocupava um espaço importante, uma vez que a arte popular dava identidade às aldeias, vilas e cidades de Portugal, mas mantendo sempre uma unidade impressionante tanto a nível nacional como internacional, no Império e nas comunidades portuguesas espalhadas pelo mundo. Para isso, Ferro utilizava uma expressão curiosa, ligada, sobretudo, às relações com o Brasil, designando por *Estados Unidos da Saudade*, essa Pátria abstracta, sem terra que era o sentimento de ser português, a cultura (popular) inerente a todos.

Esse carácter encontrava-se como seria de esperar, no mundo rural e não na urbe cosmopolita, chegando a afirmar que o povo deve lutar contra a imitação barata do que é estrangeiro ou urbano:

---

[85] Cf. António Ferro, *Turismo, fonte de riqueza e de poesia*, Lisboa, Edições SNI, 1949, p. 67.

Capa do livro "Quelques Images de L'Art Populaire Portugaise", onde se destaca a estilização da aldeia de Monsanto com o seu galo de prata

Capa do número 1 da Revista Panorama, cujo desenho é da autoria de Bernardo Marques. Este n° 1 contém artigos sobre a Exposição do Mundo Português e sobra a Companhia de Bailados Verde Gaio.

Quando em todas as terras portuguesas se convencerem desta verdade, talvez subtil, mas prática, Portugal será maior porque a tradição também é território, porque a extensão de um país reside, principalmente na sobrevivência, no prolongamento dos seus usos e costumes, dos seus modos de viver e de sentir. [86]

Neste âmbito, organizou os Jogos Florais através da Emissora Nacional, o concurso das montras de Lisboa e defendeu as artes decorativas como forma de arte tão válida como a pintura ou a escultura e classifica os decoradores como "os grandes semeadores de beleza, os grandes cenógrafos da vida!" Assim, o SPN vai desenvolver várias mostras e concursos, principalmente a partir da participação de Portugal na Exposição de Paris de 1937, sendo constituída uma equipa de decoradores com o "encargo de florir com a sua arte a vida portuguesa e as suas representações externas, de paginar e ilustrar o nosso renascimento (...) E assim se realizaram as nossas participações nas Exposições de Paris e Nova Iorque, a Exposição do Mundo Português, se estimularam os comerciantes a arranjar as suas

---

[86] Cf, António Ferro, *Jogos Florais (1943-1949)*, Lisboa, Edições E.N., 1949, pp. 43/44.

montras que são os rostos das suas lojas, se mobilaram as Pousadas, se pôs a dançar o Verde-Gaio, se desenvolveram as artes gráficas, se protegeu com a culminância do Museu do Povo, o gosto pela arte popular que está na base de certos aspectos das artes decorativas com carácter nacional."[87]

Publicações

Também ao nível das publicações, surgiu uma série de revistas e folhetos publicados pelo SPN/SNI. Salientam-se a revista *Panorama, Revista Portuguesa de Arte e Turismo,* cujo primeiro número data de 1941, e a revista *Atlântico, Revista Luso-Brasileira,* com o primeiro número editado em 1942. Na primeira, ilustrada pelos artistas colaboradores do SPN, encontramos artigos sobre hotéis, pousadas, museus, artistas, cidades e vilas de Portugal, entre outros.

A revista *Atlântico,* cujo nome evoca um "sonoro búzio onde se repercute a voz da raça, o *mare nostrum,* o Atlântico, pátria maior, pátria infinita..."

---

[87] António Ferro, *Artes Decorativas*, Lisboa, Edições SNI, 1949, p. 25.

nas palavras de António Ferro, é mais literária, com artigos de escritores e artistas brasileiros e portugueses.[88]

Também foram editadas várias obras com o intuito de promover Portugal no estrangeiro, como por exemplo *Quelques Images de L'art Populaire Portugaise*, ilustrada com os tipos regionais de Portugal, as casas regionais, entre outros.

Como obras marcantes editadas pelo SPN/SNI, podem ser assinaladas duas: *Vida e Arte do Povo Português*, edição luxuosa de 1940, e o *Portugal. Breviário da Pátria para os Portugueses Ausentes*, de 1946. O primeiro aborda todos os aspectos das tradições e da cultura popular portuguesa, apresentando os seguintes temas: "O Trajar do Povo; Teares e Tecedeiras; Arte dos Namorados; Barros de Portugal; Arte Popular; Belas Artes Populares Religiosas/ Profanas." Apresenta um povo trabalhador e humilde, mas rico na sua cultura popular, que passa de pais para filhos com orgulho. Logo na introdução, António Ferro salienta o papel da arte popular na definição do carácter português:

---

[88] António Ferro, Algumas palavras de António Ferro, *Atlântico, Revista Luso-Brasileira*, nº 1 Lisboa/ Rio de Janeiro, Edição SPN e do Departamento de Imprensa e Propaganda, 1942.

Capa do livro "Breviário da Pátria para Portugueses Ausentes", autêntica Bíblia da Pátria destinada a todos os portugueses, emigrados ou não. É um guia etnográfico e cultural de Portugal, percorrendo todas as regiões e destacando monumentos, sítios, artesanato, etc.

As velhíssimas fontes de muita da arte popular portuguesa, onde tem bebido, à farta e arreigadamente, a tradição nacional, que provam a sequente evolução dos portugueses, a linha recta donde provém, de épocas arcaicas, o sentido da lusitanidade, que é a própria alma da Nação.[89]

Refere ainda que estão descritos apenas alguns exemplos, "mas os suficientes para vos demonstrar no pórtico deste livro raro, oferecido ao povo português, que a nossa arte popular, simultaneamente realista e poética, é a permanência da nossa História viva através dos séculos, o seu alfabeto de imagens." A etnografia é assim vista como fonte e alicerce da identidade nacional.

Em 1946, é editado o livro *Portugal. Breviário da Pátria para os Portugueses Ausentes*, autêntica "miniatura da Pátria", dedicado aos portugueses emigrados e aos portugueses do Império, mas também guia útil para os portugueses

---

[89] Francisco Lage, Luís Chaves e Paulo Ferreira, *Vida e Arte do Povo Português*, Lisboa, SPN Edição de Secção de Propaganda e Recepção da Comissão Nacional dos Centenários, 1940.

que vivem no Continente, uma vez que " trazer a Pátria no coração, é afinal, ter a Pátria de cor."[90]

Neste livro são desenvolvidos vários temas, de modo a caracterizar o país, como o território e a população, a economia, a etnografia, a história, o império, a cultura, a literatura, a filosofia, a arte, a música e o turismo.

A arte popular servia assim como postal ilustrado de Portugal e o criador dessa imagem foi António Ferro através da sua *Política do Espírito*.

---

[90] *Portugal: Breviário da Pátria para os Portugueses Ausentes*, Lisboa, Edições SNI, 1946, prefácio (páginas não numeradas).

3. A Exposição do Mundo Português, espelho da ideologia do Estado Novo

Com a Exposição do Mundo Português surge uma nova etapa para a etnografia, pois aqui o povo português vai ser representado em todos os seus aspectos: "nos seus costumes, no pitoresco da sua vida, na superstição dos seus anseios, na riqueza dos seus contrastes, na ingenuidade colorida da sua crença, no embelezamento da casa, do trabalho e da alma". [91]

Augusto de Castro chamou à Exposição do Mundo Português "Cidade de Ilusões", onde ficou espelhada a imagem que o Estado Novo criou para Portugal: heróico, humilde, trabalhador e crente.[92]

Era exactamente esta imagem que se queria construir. Portugal como imagem deste povo humilde porque pobre, mas afortunado com a riqueza da fé. Tudo corria bem, tudo era paradisíaco, esta era a imagem que devia transparecer. O "povo da aldeia da roupa branca" era completamente feliz, mesmo que contra essa imagem pudéssemos contrapor o povo pobre que dividia as sardinhas, analfabeto, sem informação sobre a modernidade ou as crianças que iam para a escola alcoolizadas para se aquecerem e não pensarem na fome.

Porém, era contra esta imagem que se lutava. Por isso tudo tinha de ser perfeito nesse certame de 1940. O que tinha de ser retratado era um Portugal moderno, mas sempre ligado ao seu passado heróico, "onde modernidade

---

[91] Luís Chaves, *A Etnografia na Exposição do Mundo Português*, Ocidente, vol. IX, Lisboa, red. prop. ed. de Álvaro Pinto, 1939/ 1940, p. 135.

[92] Augusto de Castro, "Exposição do Mundo Português", *Quinze Anos de Obras Públicas, 1932-1947*, Livro de Ouro, 2 volumes, Lisboa, Comissão Executiva da Exposição de Obras Públicas, 1949.

e tradição se casavam perfeitamente".[93] Neste contexto, a cultura popular era vista como o que de mais autêntico guardava o povo português e o elo de ligação entre o presente e o passado.

A ideia de celebração do duplo centenário surge, pela primeira vez, em 1922, oriunda da componente patriótica e nacionalista da I República. Foi depois retomada em 1929, já em plena Ditadura Militar.[94] O programa da Exposição do Mundo Português saiu do próprio punho de Salazar[95], publicado no *Diário de Notícias* de 27 de Março de 1938, onde já estava incluída uma grande exposição etnográfica, onde se tentaria "a reprodução da arquitectura característica de cada uma das 25 províncias portuguesas, de aquém e de além-mar, em casas onde os habitantes, com indumentária própria, reproduzissem os usos e costumes das suas regiões."[96]

As Comemorações do Duplo Centenário da Fundação e Restauração de 1940 tiveram como objectivo principal celebrar o universalismo português, "para lembrar ao Mundo que Portugal nunca poderia ser olhado na Europa como simples arrivista, que éramos gente quando a maior parte das nações europeias não existiam."[97] O presidente da Comissão Executiva das Comemorações Centenárias e Comissário Geral da Exposição foi Augusto de Castro, tendo sido entregue a direcção técnica ao Engenheiro Sá e Melo e ao Arquitecto-Chefe Cottinelli Telmo.

Fazemos referência a este acontecimento porque ele é, por si só, o ponto alto e emblemático da política seguida pelo regime e a semente de várias colecções e museus, entre os quais o Museu de Arte Popular.

A exposição teve lugar em Belém, na simbólica Praça do Império e realizou-se entre Junho e Dezembro de 1940, ano emblemático para o Estado Novo na celebração dos Centenários.

---

[93] Maria Isabel João, *Memória e Império. Comemorações em Portugal (1880-1960)*, Lisboa, Fundação Calouste Gulbenkian e Fundação para a Ciência e Tecnologia, 2002, p. 104.

[94] Luís Miguel Oliveira Andrade, *História e Memória. A Restauração de 1640*, Coimbra, Minerva, 2001, p. 199.

[95] Esta afirmação é controversa, pois há também a opinião de que esta publicação com o nome de Salazar não passou de um acto de propaganda.

[96] Citado por Artur Portela, *Salazarismo e artes plásticas*, Lisboa, Biblioteca Breve, Instituto de Cultura e Língua Portuguesa, 1987, pp. 71-72.

[97] António Ferro, *Panorama dos Centenários (1140 –1640 – 1940)*, Lisboa, Edições SNI, 1949, p. 11.

A escolha do local foi reflectida e com um sentido bem definido. Belém, onde estavam localizados monumentos como a Torre de Belém e o Mosteiro dos Jerónimos, símbolos dos Descobrimentos, e mesmo ao pé do Tejo, de onde tinham partido as naus para o novo mundo.

O grande objectivo da Exposição do Mundo Português era projectar o passado no presente, justificando o colonialismo como uma força ecuménica e missionária que permanecia em 1940 com a mesma força do tempo dos Descobrimentos.[98]

Todos os portugueses eram chamados à nobre tarefa de engrandecer o Portugal do presente, pois a Exposição do Mundo Português devia "recordar ao Mundo e aos portugueses a extensão do nosso vasto continente espiritual, onde a epopeia dos descobrimentos refulge como cidade maravilhosa, encantada, onde certas lendas são jardins, onde certos gestos humildes são aldeias, onde a cruz é um farol."[99]

> Portugal inteiro, de norte a sul, era uma colmeia rumorosa, o velho solar familiar amorosamente enfeitado, restaurado. (...) Os portugueses respondiam ao nosso apelo. Os portugueses transformavam a canção dolente do seu trabalho numa vitoriosa marcha. Os comerciantes chamavam os artistas para lhes encenar as suas montras, os lavradores e os proprietários olhavam com mais amor as Casas do Povo das suas vilas ou aldeias, que não podem ser as casas do povo triste, mas do povo alegre. E os próprios camponeses caiavam e floriam as suas casinhas brancas, cartas de amor das nossas paisagens![100]

Características muito importantes estavam patentes no certame: o colonialismo, o historicismo, o catolicismo e o ruralismo. O próprio local escolhido, Belém, estava carregado de símbolos, o Tejo e o Mosteiro dos

---

[98] "Inauguração da Exposição do Mundo Português. Discurso do Comissário Geral, Dr. Augusto de Castro", Lisboa, *Revista dos Centenários*, nº 19/ 20, Julho/ Agosto de 1940.

[99] António Ferro, *Panorama dos Centenários (1140 –1640 – 1940)*, Lisboa, Edições SNI, 1949, p. 21.

[100] *Idem*, p. 16.

Jerónimos, ligados aos Descobrimentos. O Mosteiro surgia como o "relicário de pedra", o "padrão imortal" dessa epopeia heróica e mostrava que os portugueses tinham um génio criativo próprio que lhes permitia criar um estilo arquitectónico nacional, não necessitando de copiar modelos estrangeiros, "descarnados e geométricos, estilo sem estilo, que pretende vestir os cinco continentes pelo mesmo figurino hediondo e insípido." Isso mesmo estava explícito na arquitectura da exposição, baseada nas fontes tradicionais, num renovo nacionalista da arquitectura, cujas virtudes podem ser resumidas em três palavras, portuguesismo, renovação, unidade.[101] Mas, de facto, os artistas que participaram na exposição estiveram ligados aos primórdios do modernismo em Portugal e a arquitectura que materializaram foi exactamente uma mistura de elementos estruturais do modernismo com decoração inspirada nos mais variados estilos da arte portuguesa.[102]

---

[101] Fernando de Pamplona, *Uma obra de arte: A Exposição do Mundo Português*, Lisboa, Ocidente, vol. XI, 1940, p. 165.

[102] Jorge Ramos do Ó, "Modernidade e Tradição Algumas Reflexões em Torno da Exposição do Mundo Português", *O Estado Novo. Das Origens ao fim da Autarcia*, Lisboa, Fragmentos, 1987, p. 183.

Vista Geral do Centro Regional com a Secção da Vida Popular em primeiro plano e as Aldeias Portuguesas ao fundo. Destaca-se o farol do lado esquerdo e o Pavilhão da Ourivesaria ao centro.

Pormenor da fachada da Secção da Vida Popular.

Podemos dividir a Exposição do Mundo Português em quatro secções distintas. A primeira muito ligada ao historicismo, recriando a Época Medieval nas influências românicas e góticas dos pavilhões e no culto dos heróis da Fundação e Restauração (D. Afonso Henriques, Gualdim Pais, D. Diniz, D. João I, entre outros). Podem incluir-se aqui a Porta da Fundação, o Pavilhão da Fundação, o Pavilhão da Formação e Conquista, e o Pavilhão da Independência.

A segunda secção é alusiva ao colonialismo, retrata a Expansão como o momento de grande poderio e influência de Portugal. Desta temática, fazem parte o Pavilhão dos Descobrimentos, o Pavilhão do Brasil, obra arquitectónica digna de registo, da autoria de Raul Lino, o Pavilhão da Colonização, onde duas pinturas de Almada Negreiros decoravam as paredes da "Sala de África", o Pavilhão dos Portugueses no Mundo, o Padrão dos Descobrimentos e o Jardim Colonial.

A terceira secção é inspirada pela fé católica como traço de união entre todo o mundo português. A "Sala da Fé e do Império" bem o demonstra "na sua nave sombria, impregnada de alta religiosidade".[103]

---

[103] Fernando de Pamplona, *Uma obra de arte: A Exposição do Mundo Português*, Lisboa, Ocidente, vol. XI, 1940, p. 171.

A quarta secção retrata a vida e a cultura popular "a história pacífica e calma, iluminura da nossa vida quotidiana, canção da terra portuguesa e dos seus trabalhadores". [104] Começa logo com a representação da Casa de Santo António "trecho delicioso da arquitectura popular, simples, ingénua e fresca na sua pedra tosca e na sua caliça branquinha, flor franciscana de humildade e graça".[105] A imagem religiosa funde-se com a humildade da arquitectura popular.

Dentro das realizações dedicadas à cultura popular, destaca-se o Centro Regional organizado pelo Secretariado de Propaganda Nacional, onde António Ferro deu asas à sua visão propagandística do Portugal rural. O Centro Regional era composto por duas secções, os Pavilhões da Vida Popular e as Aldeias Portuguesas. Os primeiros dispunham de "demonstrações vivas de algumas artes e indústrias, e desdobramento de materiais de artes, indústrias, religião, superstição, canto e música, e transportes terrestres, fluviais e marítimos, até a doçaria regional". As Aldeias Portuguesas eram "núcleos de edificação regionais, onde se movem alguns habitantes, que lhes dão vida;

---

[104] Augusto de Castro, *Breve Roteiro da Exposição Histórica do Mundo Português*, 1940, Lisboa, Colóquio Artes, 48, 1981, p. 13.

[105] Fernando de Pamplona, *Uma obra de arte: A Exposição do Mundo Português*, Lisboa, Ocidente, vol. XI, 1940, p. 172.

Decoração exterior da Secção da Vida Popular.
O imaginário popular povoava todo o Centro Regional.

no ambiente rural criado, as festas e a feira completam, sem faltar a capela simbolicamente comum, a síntese do ruralismo português nos seus usos, costumes e tradições".[106] "Ficou distribuído no Centro Regional o melhor material, que até hoje se reuniu (...) onde cada objecto, sem perder a informação de psicologia popular, que vive nele, serve de iluminura da alma do povo e decora (...) a página do livro que o visitante vai passando".[107]

A "Secção da Vida Popular" dividia-se em diversos pavilhões da autoria dos seguintes artistas: Veloso Reis e João Simões (arquitectura), Adelina de Oliveira e Jorge de Matos Chaves (escultura), Estrela Faria, Eduardo Anahory e Paulo Ferreira (pintura), Bernardo Marques, Carlos Botelho, Emmérico Nunes, José Rocha, D. Tomaz de Melo (Tom), Fred Kradolfer (decoração interna), Maria Keil, Adelina de Oliveira, Barata Feyo, Martins Correia e H. Moreira (escultura exterior).[108]

---

[106] Luís Chaves, *As Aldeias Portuguesas*, Ocidente, vol. IX, Lisboa, red. prop. ed. de Álvaro Pinto, 1939/ 1940, p. 356.

[107] Luís Chaves, *A Etnografia nas Comemorações*, Ocidente, vol. X, red. prop. ed. de Álvaro Pinto, 1940, p. 296.

[108] Fernando de Pamplona, *Uma obra de arte: A Exposição do Mundo Português*, Lisboa, Ocidente, vol. XI, 1940, p. 176.

A primeira sala da "Secção da Vida Popular" intitulava-se "Prólogo", no centro tinha uma "espécie de *carroussel* com figuras movimentadas das profissões mais características e pitorescas."[109] Nas paredes treze painéis das províncias e ilhas. Numa pequena sala, instalação da indústria dos metais nobres (em laboração), com um busto de mulher nortenha com as mais belas peças de ourivesaria popular. Em seguida, o pavilhão da Ourivesaria, encantava todos que por ali passavam devido à sua riqueza decorativa exterior e interior com a exposição de filigranas. Anexa, a sala de indústrias manuais, onde operários trabalhavam a madeira, a cortiça, o chifre, fabricando palitos, facas, garfos e tamancaria. O pavilhão "Do Mar e da Terra" era composto pela secção de "Pescarias", decorada com alfaias náuticas, com pescadores trabalhando em redes e, no solo, um gráfico onde estavam assinaladas as regiões piscatórias do país. A secção das "Rendas", com grupos de rendilheiras de Vila do Conde, Peniche e Ilha da Madeira e a secção da "Religião" com a representação típica de S. Paio da Torreira.

---

[109] Descrição baseada no texto *Exposição do Mundo Português*, Revista dos Centenários de Julho/ Agosto de 1940, pp. 27-28.

Entrada da Secção da Vida Popular com apresentação de figuras movimentadas dos diferentes ofícios populares. Ao fundo, ao longo da parede, painéis alusivos às províncias e ilhas.

Artes e industrias tradicionais: a pesca.

O pavilhão das "Artes e Indústrias Populares" era composto por seis salas: a primeira dedicada a todas as artes desde o ferro à cestaria, a segunda à música do povo, a terceira aos transportes marítimos, a quarta aos transportes terrestres e aos figurinos regionais, a quinta à tecelagem, onde trabalhavam tecedeiras e bordadoras, e a sexta à olaria. Anexo a este pavilhão existia ainda o da "Doçaria e Panificação", onde havia mostruários com bolos regionais, um exemplar de forno e uma "reconstituição de uma roda monástica, junto da qual, raparigas com hábitos manacais, vendem a tradicional doçaria conventual."[110] Ressalva importante de Fernando Pamplona é a nota alusiva à "colecção de bonecos com os trajos populares tradicionais de todas as províncias do Portugal europeu – continente e ilhas."[111] Este núcleo do "Centro Regional" dispunha ainda de um cinema privativo com um fresco de Estrela Faria que representava uma romaria aldeã. Encerrava este núcleo o Claustro

---

[110] Descrição baseada no texto *Exposição do Mundo Português*, Revista dos Centenários de Julho/ Agosto de 1940, pp. 27-28.

[111] *Idem*, p. 177. Colecção esta realizada para integrar a exposição de Genebra em 1935 e que ainda hoje integra o espólio do Museu de Arte Popular.

Visão nocturna do Pavilhão de Ourivesaria, decorado com vitrais rendilhados a lembrar a filigrana.

Um artesão "jugueiro" trabalha a madeira e mostra o produto final: os jugos de bois.

do Pavilhão da Doçaria, um "delicioso pátio azulejado, com um repuxo ao meio."[112]

Para além da "Secção da Vida Popular", o Centro Regional tinha ainda outro núcleo, as "Aldeias Portuguesas", cuja coordenação coube a Raul Lino com a colaboração de Francisco Lage e Sales Viana. Era dividido em treze grupos, correspondentes às treze províncias, com "reconstituições dos tipos arquitectónicos de cada província (...) série de casitas arrebicadas e claras (...) com seus arcos de pedra, seus alpendres e seus varandins (...) tudo bem nosso, bem português, com o cheiro e o sabor da terra!".[113]

À entrada existia um moinho de velas, onde estavam instalados postos de Informação.[114] Depois a representação de Trás-os-Montes, Beira Alta e Beira Baixa, com construções típicas, uma fonte de mergulho, a *Casa do Lavrador*, onde se acumulavam alfaias agrícolas no pátio. O *Arco da*

---

[112] Descrição baseada no texto *Exposição do Mundo Português*, Revista dos Centenários de Julho/ Agosto de 1940, p. 177.

[113] *Idem*, 177. Em 1940 é inaugurado, em Coimbra, o Portugal dos Pequenitos que segue a linha ideológica da Exposição do Mundo Português. Apresenta três núcleos principais: o colonial, o histórico e a habitação regional portuguesa.

[114] Descrição baseada no texto *Exposição do Mundo Português*, Lisboa, Revista dos Centenários de Julho/ Agosto de 1940, pp. 27-28.

Bobadela era a porta de entrada nas províncias do Minho, Douro e Beira Litoral, onde "além de duas casas visitáveis, encontram-se nas suas oficinas um barbeiro, um jugueiro, um cesteiro, um filigraneiro e uma tecedeira de colchas atoalhadas da região coimbrã de Almalaguez."[115] Seguem-se o Alto e Baixo Alentejo com as edificações erguidas à volta de um pátio, onde se encontram carros de canudos, lojas de celeiro, correeiro e oleiros de Niza. Na Estremadura e Ribatejo havia uma Estalagem do *Senhor Roubado*, onde serviam pratos regionais. Tinha também uma capela e uma loja de ferrador. A representar o Algarve havia um conjunto de construções típicas de Olhão, coroadas com as típicas chaminés, com vegetação regional nos pátios e uma loja do doceiro. Os Açores estavam igualmente representados pelas suas casas típicas de basalto, enquanto a Madeira apresentava as suas construções peculiares de cores variadas. No extremo ocidental das aldeias, erguia-se a Capela de Santo António, em honra do Taumaturgo, patrono dos povoados regionais e que servia de ligação espiritual de todas as regiões.

---

[115] Descrição baseada no texto *Exposição do Mundo Português*, Lisboa, Revista dos Centenários de Julho/ Agosto de 1940, pp. 27-28.

Serviu igualmente de rampa de lançamento de uma série de artistas modernos, que vão aparecer desde esse momento como os pintores-decoradores do SPN. Entre eles, salientavam-se: Carlos Botelho, Eduardo Anahory, Tomás de Melo, Estrela Faria, Paulo Ferreira, Emérico Nunes.

A exposição não patenteava apenas uma mera apresentação de objectos, mas, mais do que isso, uma representação viva das aldeias com pessoas trajadas com os fatos regionais a cantar e a dançar. Havia artesãos a trabalharem a filigrana, pescadores a mostrarem como se armam redes, tecedeiras a trabalharem nos seus teares, oleiros a produzir peças de barro nas suas rodas. Esta ideia de vivificar os espaços teve início nas exposições internacionais. Nas exposições de Paris, em 1867 e 1878, há inúmeras representações de trajes nacionais, principalmente na secção sueca que apresenta reconstituições de ambientes rurais. Situação que se repete em 1893, na exposição de Chicago, onde se reconstitui uma aldeia alemã e em 1896, na exposição de Genebra, onde surgem verdadeiras miniaturas das nações com a reconstituição de uma aldeia suíça.[116] Portanto, estas

---

[116] Anne-Marie Thiesse, *A Criação das Identidades Nacionais*, Lisboa, Temas e Debates, 2000, pág. 198.

Fresco de Estrela Faria da Sala dos Espectáculos da Secção da Vida Popular que desapareceu na adaptação a Museu de Arte Popular. Representa um bailarico típico.

Trajes regionais da Secção da Vida Popular.

reconstituições fidedignas dos ambientes rurais de Portugal tiveram por base estes projectos de anteriores exposições, locais que tinham como propósito mostrar o génio criativo das nações e a sua identidade. Assim, a etnografia é vista como a verdadeira identidade do povo português que deve ser homenageado e como uma afirmação da sua auto-confiança no presente. Podemos concluir que a imagem que se queria fazer passar era a de que Portugal era um museu ao ar livre[117], onde população e natureza viviam em harmonia, onde o homem vivia honesta e humildemente do seu trabalho de sol a sol, onde reinava a ordem e a candura do povo. Mesmo que esta imagem pudesse facilmente ser contrariada por problemas como a pobreza, o analfabetismo, o atraso tecnológico ou o alcoolismo.

Com as Comemorações dos Centenários não se construiu só a Exposição, mas também outras obras públicas como estradas, as gares marítimas, bairros, o estádio nacional, o aeroporto da Portela e continuaram estas iniciativas com o chamado Plano dos Centenários, que incluiu a construção de escolas e outras infra-estruturas, como pequenos museus etnográficos.

---

[117] Origem da ideia de *ecomuseu*, variante da nova museologia, que surgirá muito mais tarde a Portugal, nos anos 70 com a ideia de criar uma estrutura deste tipo na Serra da Estrela.

O norte
e o sul
recriados
nas Aldeias
Portuguesas.

Às vozes dos mais altos membros do governo, de aplauso pela iniciativa, juntaram-se críticas em relação às artes decorativas e à encenação teatral e irrealista das representações. Fernando de Pamplona, no texto citado em epígrafe, tece várias críticas à exposição no que respeita à sua concretização artística e lamenta o facto de não existir um catálogo onde seja descrita a autoria das obras apresentadas. A este autor juntam-se outros como Adriano de Gusmão ou Jorge de Macedo, que lamentam o não aproveitamento da oportunidade criativa. A própria afluência à exposição ficou aquém das expectativas, facto que as autoridades justificavam com o alto valor do ingresso de entrada, os poucos transportes existentes para Belém e a falta de divulgação. [118]

A arquitectura da exposição gerou consenso por parte dos críticos, o que não aconteceu em relação à escultura e pintura, onde nem as intervenções de Almada tiveram sucesso. [119]

---

[118] Cf. Margarida Acciaiuoli, *A Exposição de 1940. Ideias, Críticas e Vivências*, Colóquio Artes, nº 87 (2ª série), 32º ano, Lisboa, Fundação Calouste Gulbenkian, 1990, pp. 18-25.

[119] *Calos Ramos. Exposição retrospectiva da sua obra*, Lisboa, Fundação Calouste Gulbenkian, 1986 (catálogo).

Durante a exposição há um clima de colaboração entre os artistas e arquitectos "modernos" e o regime, procurando em conjunto delinear o "estilo português de 1940, não um estilo arte-nova mas um estilo moderno, forte, saudável que viesse do passado, sacudindo a poeira do caminho". [120]

Porém, tudo muda com a morte do ministro das Obras Públicas, engenheiro Duarte Pacheco e com o final da Guerra.

Enumerando os objectivos das comemorações, Fernando Catroga refere que os "acontecimentos-espectáculos", solenizados pelas comemorações desde a sua emergência em 1880 até praticamente aos nossos dias, poder-se-á descrevê-los por ciclos (...) sobredeterminados e transversalmente atravessados pelo mesmo propósito antidecadentista, nacionalista e revivescente (...): o ciclo nacionalista-imperialista e de refundação nacional, o da questão religiosa, o da consagração de regimes, o do engrandecimento e heroicidade militar, e o do enaltecimento da grandeza artístico-científica."[121]

---

[120] António Ferro, *Panorama dos Centenários (1140 –1640 – 1940)*, Lisboa, Edições SNI, 1949, p. 16.

[121] Fernando Catroga, "Ritualizações da História", *História da História em Portugal*, séculos XIX – XX, volume I, s.l., Temas e Debates, 1998, p. 225.

Segundo José Augusto-França, a "Exposição do Mundo Português foi a exacta conclusão da "Política do Espírito" de Ferro. Ela coroa os seus esforços e marcou o apogeu da arte que ele propusera à Nação. (...) Arte equilibrada, revelando uma forte inquietação formal, era uma arte de fachada."[122]

O objectivo nunca foi a educação científica do povo, mas o seu deslumbramento através da exaltação dos valores nacionais, entre os quais a valorização da cultura popular, recriados pelo Estado Novo e isso foi alcançado com a série de comemorações de 1940.

---

[122] José Augusto-França, *Arte e Sociedade Portuguesa no século XX*, Lisboa, Livros Horizonte, s.d., p. 55.

4. Museu de Arte Popular

O Museu de Arte Popular de Lisboa foi um projecto de António Ferro e surge na sequência da Exposição do Mundo Português de 1940. O Centro Regional/Secção de Vida Popular, da dita exposição, serviu de alicerce para a constituição deste museu.

Durante o discurso do acto inaugural do Museu de Arte Popular, António Ferro começa por combater os artistas modernistas imbuídos, segundo ele, de um falso espírito moderno que serve para romper "com tudo quanto seja raiz da nossa arte, consequentemente raiz do nosso carácter."[123] Vê mesmo nesta tendência uma forma proletária de sentir, sublinhando que proletária não quer dizer social, mas deturpação do social.

A obra do Secretariado havia sido acusada, pelos defensores de uma alternativa mais moderna, de fomentar o portuguesismo, o pitoresco fácil, pelo que tais críticas foram alvo de resposta aquando da inauguração do museu. Segundo Ferro, a arte popular é sempre o berço de toda e qualquer evolução e acaba por ter um discurso bastante violento em relação à arte moderna.

> Arte moderna, sem dúvida, pois a arte é, ao mesmo tempo, eternidade e momento, mas arte portuguesa com raízes no nosso solo e na nossa alma, tanto mais original quanto mais diferente, tanto mais universal quanto mais nacional.[124]

---

[123] António Ferro, *Museu de Arte Popular, Discurso do Secretariado Nacional de Informação no acto inaugural do Museu de Arte Popular aos 15 de Julho de 1948*, Lisboa, Edições SNI, 1948, p. 9.

[124] *Idem*, p. 15.

O museu seria assim um exemplo de soberania, de profunda diferenciação e retrato da alma do povo, tanto que nas legendas do novo museu surge uma dedicatória consagrada "ao Povo Português – autor deste museu."[125]

Todas as actividades realizadas pelo SPN/SNI como exposições, concursos, bailados confluíram para esse projeto único do museu, pois "tudo obedecia ao pensamento da primeira hora, à finalidade da construção deste museu"[126]. Tudo havia começado em 1935 numa exposição em Londres que se repetiu em 1937 na Exposição das Artes e Técnicas da Vida Moderna em Paris, tendo sido ambas consideradas um grande sucesso. O mesmo se repetiu nas exposições de Nova Iorque e S. Francisco em 1939. Até atingir "a maré-cheia da nossa obra com o Centro Regional da Exposição do Mundo Português (...): Portugal inteiro coube neste cantinho de Belém durante seis meses. E logo a ideia do actual Museu ficou com as suas paredes erguidas."[127]

---

[125] *Idem*, p. 27.

[126] *Idem*, p. 19.

[127] António Ferro, *Museu de Arte Popular, Discurso do Secretariado Nacional de Informação no acto inaugural do Museu de Arte Popular aos 15 de Julho de 1948*, Lisboa, Edições SNI, 1948, p. 19.

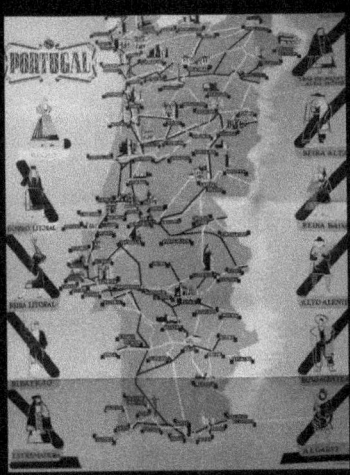

Inauguração do Museu de Arte Popular.

Mapa de Portugal Continental com os tipos regionais destacados. Faz parte da obra "Breviário da Pátria para Portugueses Ausentes".

O próprio edifício, originário da Exposição do Mundo Português era uma autêntica exaltação da arte popular e dos seus benefícios morais. A arquitectura também sofreu a acção do poder totalitário, embora a busca de uma casa tipicamente portuguesa também viesse de trás. Ao mesmo tempo que se cultivava esta feição regionalista da arquitectura, adoptavam-se modelos monumentais, de influências clássicas, à imagem do que faziam os regimes nazi e fascista italiano.[128]

Assim, a arquitectura vai procurar modelos onde encaixem estas directrizes ideológicas. Neste contexto, a arquitectura do regime pode ser dividida em várias fases, correspondendo aos anos de 1938 a 1943, uma fase de definição e aperfeiçoamento dos modelos, influenciados pela *Política do Espírito* de António Ferro, pela arquitectura efémera das Comemorações e pelo culto dos valores regionalistas.[129] Estes modelos vão agrupar-se por sectores

---

[128] Nuno Rosmaninho, *Cultura e Património*, Universidade de Aveiro, 2007/08 [policopiado], p. 30.

[129] Nuno Teotónio Pereira, e José Manuel Fernandes no artigo "A arquitectura do fascismo em Portugal", *Arquitectura*, nº 142 (4ª série), ano III, Julho de 1981, Lisboa, Casa Viva Editora, 1981, p. 43. Os autores dividem a arquitectura deste período em três fases: de 1926 a 1931, período de certa indiferença perante as características formais da arquitectura; de 1932 a 1937, período de intensificação das obras públicas e da acção de Duarte Pacheco e de 1938 a 1943, de definição de modelos.

Fachada do Museu de Arte Popular, aquando da sua inauguração.

Fachada virada ao Tejo, onde se destacam os contrafortes e os arcos como elementos decorativos. Salienta-se o farol do lado esquerdo.

a construir em todo o País, desde escolas dos centenários, edifícios para os CTT, bairros económicos, liceus, pousadas, cadeias, etc. Não há um modelo único, mas variantes regionais.

Dentro destes modelos vai haver ainda uma distinção em cinco categorias[130], pelo que o edifício do museu possa ser inserido no "nacionalista de feição regional" devido à inserção dos elementos regionais que apresenta.

---

[130] No artigo citado, os autores distinguem cinco modelos: nacionalista, de raiz historicista (liceus); nacionalista, de feição regional (escolas primárias, pousadas...); monumentalista (universidades e palácios da justiça); um outro específico para a arquitectura religiosa e, finalmente, um compósito, aplicado nas situações de carácter mais utilitário.

O projeto de arquitectura do pavilhão da Exposição do Mundo Português, da autoria de Veloso Reis[131], sofreu adaptações de Jorge Segurado[132],

---

[131] António Veloso Reis, arquitecto, de seu nome completo António Maria Veloso Reis Camelo, nasceu em Ançã, a 23-V-1899. Concluiu o curso de arquitectura na Escola das Belas Artes de Lisboa. Foi arquitecto da Caixa Geral de Depósitos, Crédito e Previdência e é vogal da Delegação das Obras deste departamento oficial (1956). É autor do monumento aos Mortos da Grande Guerra erigido em Lourenço Marques, de colaboração com o escultor Rui Gameiro. De sua autoria são os projectos de alguns edifícios da Caixa Geral de Depósitos, Crédito e Previdência; Museu de Arte Popular; Abegoaria de Elvas; edifícios de habitação colectiva em Lisboa, três dos quais obtiveram o prémio Valmor; moradias de tipo regional, no Algarve, projectos do Hotel de Castelo Branco e da Pousada de S. Martinho, em Alfeizerão. Foi colaborador de Cottinelli Telmo na Exposição do Mundo Português, em 1940, e autor dos pavilhões de Arte Popular e da entrada monumental daquela exposição, ao lado dos Jerónimos e ainda dos arranjos de cartografia e das obras de arte portuguesas existentes em Espanha, levadas a efeito no decorrer da mesma Exposição. *Grande Enciclopédia Portuguesa e Brasileira*, Volume XXI, Lisboa, Editorial Enciclopédia, 1960, p. 515.

[132] Jorge Segurado (1898-1991), arquitecto, de seu nome completo, Jorge de Almeida Segurado, nasceu em Lisboa, a 15-X-1898. Concluiu, em 1924, na Escola das Belas Artes de Lisboa o curso de arquitectura civil. Foi arquitecto do Ministério das Obras Públicas e arquitecto consultor da Câmara Municipal de Cascais. Fez parte das Direcções da antiga Sociedade dos arquitectos portugueses e do Sindicato Nacional dos Arquitectos. Nos concursos em que tomou parte obteve entre outras as seguintes distinções: o 2º prémio com um projecto do Liceu Latino Coelho, em Lamego, o 1º prémio no projecto do Liceu de Júlio Henriques, de Coimbra; 2º prémio com projectos do Liceu D. Maria de Coimbra. Foram construídos sob projectos da sua autoria, o Bairro Operário de Cascais, dois edifícios escolares em Ponte de Lima e em Angra do Heroísmo. Fez o plano geral da Grande Exposição Industrial Portuguesa. Tem o seu nome ligado a três monumentos: a Antero de Quental no Jardim da Estrela; a

nomeadamente no interior. O exterior manteve-se, embora reduzido a metade, em consequência de um incêndio e posterior demolição[133], com uma linguagem de síntese entre o modernismo e a arquitectura tradicional. De facto, há uma colagem de elementos modernistas a elementos tradicionais, coabitando os dois vocabulários arquitectónicos harmoniosamente no edifício. Como elementos modernistas, há a assinalar a existência de grandes vãos, pé direito alto, aberturas de luz, linhas direitas e volumes cúbicos que imprimem uma ideia de grandiosidade ao conjunto. A utilização de elementos tradicionalistas dá um cunho pitoresco, sendo de salientar o gradeamento de protecção dos vãos de acesso ao pátio, o trabalho pormenorizado e requintado das janelas, o uso de contrafortes e a presença do duplo beirado. Na articulação da própria planta, o enquadramento do pátio, elemento fundamental da arquitectura popular, e da torre que lembra a

---

Fialho de Almeida, em Vila de Frades; a Florbela Espanca em Évora. Estes monumentos tiveram por escultor Diogo de Macedo. Publicou dois volumes: *A igreja de S. João de Moura* e *A Exposição de S. Francisco*. Vide *Grande Enciclopédia Portuguesa e Brasileira*, Volume XXII, Lisboa, Editorial Enciclopédia, 1960, pp. 106-107 e, José-Augusto França, *História da Arte em Portugal, O Modernismo*, Lisboa, Editorial Presença, 2004, p. 89.

[133] Carlos Guimarães, *Arquitectura e Museus em Portugal, Entre Reinterpretação e Obra Nova*, Porto, Publicações FAUP, 2004, p. 447.

Pormenor do farol.

Vista do pátio e da torre, elementos inspirados na arquitectura popular portuguesa.

torre da igreja. O farol funciona como um corpo à parte e existe mais como elemento decorativo, ilustrador da realidade que se queria reproduzir. Como elementos decorativos há a destacar a utilização de painéis de azulejo e de vidro cinzelado, todos ilustrados com representações do imaginário popular.

Podemos assim concluir que a nível estrutural o edifício apresenta, na sua essência, características modernistas e, a nível acessório, as janelas, a decoração, os próprios elementos arquitectónicos, como a existência do pátio e da torre, são de cariz popular.

Em 1944, é feito um arrolamento dos bens imóveis pertencentes ao Museu de Arte Popular. Segundo a descrição, o Museu era constituído por três conjuntos. O primeiro incluía "um edifício composto por duas salas com a empena poente directamente ligada ao Centro Desportivo da Mocidade Portuguesa, e frente ao norte". O segundo era composto por "um grupo de edifícios ligados entre si, formando "U", com sete salas, um claustro e instalações sanitárias, com frentes ao norte, nascente e sul." O terceiro abrangia "um edifício composto por um salão e uma sala, com a empena poente ligada às instalações náuticas para a navegação à vela e frente ao sul. Ligando os segundo e terceiro conjuntos existe um pátio." Como descrição geral, o documento acrescenta que "todos os edifícios têm um único piso, encontrando-se

Escultura feminina de inspiração classicista de Adelina de Oliveira.

Porta da fachada nascente, decorada com elementos do imaginário popular que povoa o museu.

os exteriores acabados e os interiores em condições de receberem os arranjos necessários à instalação do Museu." Ao nível da construção, "todos os edifícios têm uma estrutura metálica com panos de tijolo, e as respectivas coberturas são, na sua maioria de fibrocimento, sendo as restantes partes cobertas com telha de barro." No total, a parte coberta, ocupava uma área de 4.170 m² e a descoberta 665 m², perfazendo a totalidade de 4.835 m²".[134]

Decoração exterior – Baixo-relevo

A decoração exterior do edifício remete-nos uma vez mais para o imaginário popular.[135] As artes decorativas utilizadas no museu não têm qualquer elemento moderno, apesar de muitos dos seus autores terem, de facto, estado ligados ao modernismo, As obras, no geral, apresentam sempre

---

[134] Cadastro do Museu de Arte Popular (1940-1960), Fundo SNI, Arquivo Nacional da Torre do Tombo, Lisboa (nº 1967).

[135] A descrição que vamos empreender de seguida, tem como pontos de referência, a entrada no museu pela fachada voltada para a Avenida, fachada Norte, pelo que a fachada Sul corresponderá à do Rio. O lado direito, se estivermos de frente para o edifício, corresponde à fachada Poente e o esquerdo à Nascente.

uma temática religiosa e campestre com imagens bucólicas e idílicas, onde todos os personagens são felizes. Tudo isto fazia parte de um propósito mais vasto, elaborado por António Ferro, de modo a aniquilar o modernismo, servindo-se da própria arte popular para veicular, na verdade, o seu ideário: a vida no campo deve ser valorizada em detrimento do progresso e da vida citadina.

Quando chega ao museu, o visitante depara-se com duas esculturas, de influências classicistas, da autoria de Adelina de Oliveira, duas mulheres que ladeiam a porta lateral, uma segura uma pomba e outra, um barco. A porta, de grandes dimensões, tem como suportes dois pilares decorados com âncoras, chaves e corações bem populares. De cada lado, um painel trabalhado em baixo-relevo, cuja autoria não é certa[136]. Do lado direito, o painel apresenta ceifeiras e outras mulheres que transportam o linho, depois transformado através do fuso e da dobadoura em preciosas toalhas como a que é apresentada no painel por três mulheres, com a Cruz de

---

[136] A autoria da escultura exterior é atribuída por Fernando Pamplona aos seguintes artistas: Maria Keil, Adelina de Oliveira, Barata Feyo, Martins Correia e H. Moreira. Cf. Fernando de Pamplona, *Uma obra de arte: A Exposição do Mundo Português*, Lisboa, Ocidente, vol. XI, 1940, p. 176.

Painéis de barro de Barata Feyo com os tipos regionais e suas ocupações.

Fresco da entrada: ambiente de feira e festa da autoria de Tom e Manuel Lapa.

Cristo ao centro. Do lado esquerdo, podemos ver homens a tosquiar carneiros para obtenção de lã, que depois é tratada pelas mulheres até obter tapetes.

Na fachada poente, encontramos mais dois painéis, cujo suporte é o barro vermelho, da autoria de Barata Feyo, divididos em três cenas cada um, trabalhados em baixo-relevo, ambos mostram um casal do povo, ele em pé, de enxada na mão, ela sentada, envolvidos por frutos ou com animais. O casal representado no lado direito enverga trajes que nos remetem para o Norte do País, enquanto o painel da esquerda traja como no Sul.

Dois bois de barro, que aqui existem desde os primórdios foram remetidos para a fachada traseira (lado sul, do rio) do edifício devido ao seu mau estado de conservação, agravado pelos actos de vandalismo de que têm sido alvos.

Decoração interior – Os Frescos

Como já referimos, cada sala estava decorada com um mural alusivo à província administrativa representada. Segundo Sebastião Pessanha, estes

murais tinham um "interesse muito discutível",[137] porém, alguns revelam grande qualidade artística e são um manancial para o estudo da temática popular sempre presente.[138]

A equipa de decoradores foi coordenada pelo artista Thomaz de Mello (Tom)[139], que assinou também diversos painéis, como é o caso do fresco

---

[137] D. Sebastião Pessanha, "Museus Etnográficos VII", *Mensário das Casas do Povo*, Ano III, nº 33, Lisboa, Junta Central das Casas do Povo, 1949, p. 12.

[138] A análise que vamos fazer seguidamente destes painéis, é baseada em fotografias tiradas à data da inauguração do Museu e outras publicadas na revista *Panorama*, uma vez que, quando visitámos o Museu, em Junho de 2006, eles se encontravam protegidos por plásticos para não sofrerem danos com as obras de beneficiação do edifício. Para além disto, o IPM, aquando do fecho do Museu não documentou através de fotografias ou descrições nem a colecção nem a decoração, pelo que ficámos privados de imagens pormenorizadas.

[139] D. Thomaz de Mello nasceu no Rio de Janeiro, Brasil, em 1906 e morreu em 1990 em Lisboa. Ficou conhecido como Tom, abreviatura que herdou do seu avô, de origem inglesa. Artista multifacetado, explora diferentes áreas que vão desde a pintura ao desenho, passando pela decoração e caricatura, o design e o grafismo de cartazes. Enquanto caricaturista trabalha na *Voz*, para a qual executa a série Tiroliro, e para o *Diário da Manhã*, realizando o *Rico, Pico e Sarapico* nos anos 20. Desde 1928, participa activamente em salões SPN/ SNI e nas equipas de decoradores enviadas às grandes exposições no estrangeiro, chegando a obter o "Grande Prémio de Decoração e de Artesanato", na Exposição de Artes e Técnicas de Paris, em 1937, e vindo a receber, em 1945, o "Prémio Francisco de Holanda". Tanto no desenho como na pintura, Tom, demonstra sensibilidade etnográfica, retratando vários costumes e tipos populares. Cf. Carla, Mendes, "TOM –Thomaz de Mello", *Roteiro da Colecção*,

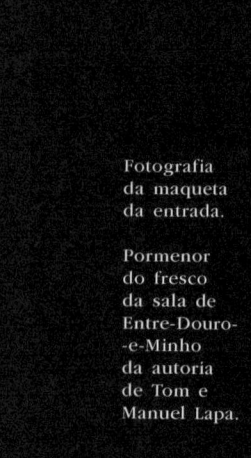

Fotografia da maqueta da entrada.

Pormenor do fresco da sala de Entre-Douro--e-Minho da autoria de Tom e Manuel Lapa.

do átrio, feito em colaboração com Manuel Lapa. As figuras populares, agigantam-se neste fresco, onde predomina uma certa verticalidade de linhas e uma paleta cromática "animada"[140]. Ao entrar no museu, no lado esquerdo, deparamo-nos com o ambiente de uma feira, onde ceramistas apresentam o seu trabalho, ao lado de um ambiente de festa, músicos e um par que baila, ao sabor da música popular e esperando pela procissão que se aproxima. Procissão esta, onde não falta o pároco encoberto pelo pálio e o andor enfeitado com a Santa (Nossa Senhora de Fátima?), carregada em ombros pelos homens do povo. Na parede em frente, por trás do balcão, estão representados pescadores e suas mulheres, de pé descalço, com canastras de vime à cabeça, onde carregam o precioso pescado. Estão também aqui representados os pastores com suas varas e trajar típico. Neste fresco estão representados os costumes do povo, onde a festa acompanha sempre o momento cerimonioso da religião.

Lisboa, Centro de Arte Moderna José de Azeredo Perdigão, Fundação Calouste Gulbenkian, 2004, pp. 88-89.

[140] Segundo descrição de Fernando de Pamplona, ver página 46 deste capítulo.

Na Sala Entre Douro e Minho, encontramos novo fresco[141], também da autoria de Thomaz de Mello (Tom) e Manuel Lapa, composição repleta de cor e de figuras, onde não faltam os corações vianenses, os galos de Barcelos, a chave, figuras populares: mulheres com cestos e potes à cabeça, um pescador, segurando o seu pescado como um troféu, homens carregando os "cestos vindimos". Vêem-se também embarcações, um barco rabelo e uma caravela. Aqui e além, crescem árvores, cuja semente é um coração e de onde brotam flores e balões, encimada por uma cruz. Dois homens tocam viola e concertina, acompanhados por cães. No cimo de toda a composição, surgem as palavras "esperança" e "saudade," que simbolizam todo o *fatum* que rodeia o painel. As figuras denotam uma certa frontalidade que a composição acentua pela falta de profundidade.

Na Sala de Trás-os-Montes, para além do mapa, novamente da autoria de Thomaz de Mello (Tom) e Manuel Lapa, que descreve o percurso do vinho do Porto através do rio Douro, existe outro fresco da autoria de Eduardo Anahory. Esta composição, de linhas verticais, já não transmite

---

[141] Este fresco ocupa a parede quase na totalidade, porém a descrição que fazemos não é completa, uma vez que a imagem que possuímos não representa a composição toda.

Dois pormenores do fresco da sala do Algarve que retrata o dia-a-dia de uma aldeia piscatória. Pintura de Tom e Manuel Lapa.

O imaginário beirão povoa as paredes da sala das Beiras, retratando paisagens e costumes desde o mar à montanha. A autoria é de Carlos Botelho.

a cor dominante no painel do Minho, mas tons mais escuros, típicos das regiões serranas. Aqui estão apresentadas as figuras típicas da província, onde o centro é ocupado pela dança guerreira dos pauliteiros, cuja brancura contrasta com as figuras envolventes, os músicos, homens e mulheres do povo. Ao cimo, encontramos dois chocalheiros de Mogadouro.[142] Este fresco foi capa da revista *Panorama*, nº 34 de 1948.

A Sala do Algarve aparece com novo quadro de Thomaz de Mello (Tom) e Manuel Lapa. Uma curiosa representação em pirâmide de uma aldeia, cuja população está, mais uma vez, em festa, ao mesmo tempo que trabalha. Esta ideia não surge por acaso, mas com uma mensagem bem objectiva, o trabalho na aldeia é uma festa. A forma piramidal retrata um monte, por onde serpenteiam pessoas, animais, árvores, casas típicas, com a formosa chaminé e, ao cimo, a igreja. Esta imagem transmite um certo misticismo, toda ela envolvida numa bruma, quase como se fosse um sonho das mil e uma noites.

---

[142] O fato dos chocalheiros é feito à base de serapilheira, com carapuça, cinto de couro munido de chocalhos, para anunciar a sua presença aos habitantes da aldeia. Esta indumentária completa-se com uma «caramona» talhada em madeira, com dois chifres na testa e uma serpente esculpida que lhe sai da boca. Podem também ser chamados de "caretos", "máscaras" ou "carochos" consoante a aldeia.

De seguida, na Sala das Beiras surge novo mural, desta feita de Carlos Botelho[143]. É, na nossa opinião o melhor em termos artísticos de todo o Museu. É uma autêntica ilustração da faixa transversal de Portugal. Os painéis que iremos assinalando têm forma rectangular e imprimem um certo ritmo à composição, ao mesmo tempo que a pormenorizam com cenas da vida rural. A história começa no litoral e, uma vez que esta sala representa as três Beiras, acaba em Monsanto (Beira Baixa), na simbólica aldeia mais portuguesa de Portugal. Na praia, pescadores chegam a terra depois de uma noite no mar,

---

[143] Carlos Botelho, (1899-1982), empregado bancário, com passagem por aulas na escola de Belas-Artes, estreou-se na caricatura em 1928. É conhecido como o pintor de Lisboa, devido às suas vistas urbanas.
  Realizou a primeira exposição em 1932 que lhe deu garantias de sucesso futuro. Frequentou academias livres em Paris, boemiamente à moda de Montparnasse. Será como decorador de pavilhões oficiais que viajará, tendo integrado a equipa de decoradores do Pavilhão Português da Exposição Colonial Internacional de Vincennes, em 1931, e o da Exposição Internacional de Paris, em 1937. O SPN/SNI premiou-o em 1938 e 1940 com o "Prémio Souza-Cardoso" e "Prémio Columbano", respectivamente. Em 1937, assistiu em Paris a uma exposição de Van Gogh, que passou a ser o seu pintor eleito para o entendimento da modernidade, a par de Cézanne. O pintor do seu atelier da Costa do Castelo fixava um imaginário de grande teor plástico assentes em estruturas e volumes seguros. Era um pintor de um realismo figurativo, muito influenciado pela Escola de Paris. A admiração por Van Gogh introduziu-lhe uma linha mais passional e expressiva. Cf. Emília Ferreira, "Carlos Botelho", *Roteiro da Colecção*, Lisboa, Centro de Arte Moderna José de Azeredo Perdigão, Fundação Calouste Gulbenkian, 2004, pp. 24-25.

Os alentejanos surgem na última sala, em cenas de trabalho e lazer. O fresco é de Estrela Faria.

de seguida um painel de figuras populares, depois Coimbra, assinalada pela torre da Universidade, de onde surge o rio Mondego até uma fonte que enche o pote da tricana, com ar triste e resignado. À sua volta estão representadas outras mulheres do povo que esperam a sua vez de encher a bilha. Segue-se outro painel que desta vez mostra uma procissão. Depois a zona serrana, com os pastores e seus rebanhos e novo painel que exibe um bailarico popular. A cena final, mostra Monsanto, talvez seja a que tem maior carga emocional. Ao longe, vê-se a aldeia, com sua torre rodeada pela bruma, à volta da qual voam morcegos e uma bruxa numa vassoura. À frente, duas mulheres, protegidas por capas, choram os seus mortos, em sepulturas de pedra[144], observadas por uma criatura com algo de demoníaco. A povoar o céu deste painel, surgem anjos e dragões voadores, que dão à composição uma atmosfera mágica.

A última sala, dedicada à Estremadura e Alentejo, está decorada com quatro frescos, o maior de todos é o painel dedicado ao Alentejo que ocupa uma das paredes laterais, da autoria de Estrela Faria. O espaço da composição não está totalmente ocupado, ao contrário dos restantes, transmitindo

---

[144] Sepulturas antropomórficas escavadas no granito que abundam no interior de Portugal. Datam do período paleocristão.

a ideia do próprio ambiente alentejano, menos povoado, mais solitário. As cores, conforme nos descreve Fernando de Pamplona são "tons vivos, mas harmoniosos" e a temática é a vida rural nos campos do Alentejo, pontuados por sobreiros, à volta dos quais surgem ceifeiros, oleiros a trabalhar nos seus vasos de barro, mulheres a semear, ao lado um grupo de pastores, acompanhados por um músico com sua concertina e ainda, um casal e sua filha a piquenicar, descontraídos.

Esta sala tem ainda painéis dedicados ao Ribatejo, à Nazaré e a Lisboa, da autoria de Paulo Ferreira e que contrastam com o do Alentejo pela sua maior vivacidade, tons vivos e quadros repletos de figuras, sem espaços vazios. O Ribatejo é representado pelo campino montado num cavalo, com seu traje típico e toda a decoração é feita com animais e plantas que dão frutos e flores. No centro de uma composição de flores nasce uma cruz, rodeada por andorinhas. Lembra o painel do Minho na decoração.

A composição da Nazaré tem como figura central N.ª Sr.ª da Nazaré, que irradia luz para todo o quadro. À sua direita está representado o milagre de D. Fuas Roupinho e à esquerda um casal, uma nazarena e um pescador, a bailar. Por baixo, movimentam-se pescadores, uns a tocar outros a trabalhar e, nos espaços vazios, surgem elementos decorativos

A temática religiosa não poderia faltar e é representada pelo milagre de Nossa Senhora da Nazaré e pelo Santo António de Lisboa.

como peixes, aves, redes, barcos e flores. Foi capa da revista *Panorama*, número 35 de 1948.

O último painel, dedicado a Lisboa, é um quadro cheio de alegria e movimento, alusivo a uma noite de Santo António, centro de toda a composição. Balões, manjericos, músicos, bailarinos e varinas surgem na festa, vigiados pela torre altaneira da Sé de Lisboa. Flores e folhas, estrelas, peixes, guitarras e até um gato assustado pela confusão preenchem os espaços.[145]

Todos estes frescos mostram, de alguma maneira, a reconstituição do ambiente de onde provêm os objectos. É a busca de uma arte genuinamente portuguesa, que retrata os costumes e as crenças do povo e que as defende como a forma de vida por excelência em Portugal, premissa esta que também vem de trás e que encontra em José Malhoa a consagração. Mais uma vez, assistimos a uma tentativa de veicular o modo de vida rural como superior, pois todos os personagens representados nos mais variados frescos estão sorridentes e descontraídos e o ambiente geral é de festa, cor e movimento.

---

[145] Esta temática retratada por Paulo Ferreira tem paralelismo com os frescos da Gare Marítima de Alcântara, executados por Almada Negreiros em 1945, com forte evocação popular nas representações de Lisboa e do milagre de D. Fuas Roupinho.

O espaço interior do museu estava dividido nas seguintes secções: Entre-Douro-e-Minho; Trás-os-Montes; Algarve; Beiras; Estremadura e Alentejo; Ilhas Adjacentes.[146]

Várias alterações foram feitas ao projecto do Centro Regional da Exposição do Mundo Português. A entrada passou a ser feita pela fachada norte, dando acesso a um vestíbulo que durante a exposição era a secção de olarias.

Este último espaço das Ilhas, acabou por nunca ser concluído, não obstante existirem apenas alguns objectos representativos da Madeira e Açores. No *Livro de leitura da 3ª Classe* há uma descrição de Portugal intitulada *O Povo português* que corrobora esta divisão regionalista:

> Quem somos nós, os Portugueses que, há tantos séculos vivemos neste ocidente da Europa?
> Diz a história que somos descendentes de muitos povos antigos, que se misturaram e confundiram.

---

[146] Esta divisão foi baseada no mapa publicado por Leite de Vasconcelos na sua obra "Etnografia Portuguesa".

Apesar disso, podemos afirmar que em Portugal há só uma nação, embora se note, do Minho ao Algarve, muitas diferenças na gente e nos costumes.

Assim, o Minhoto é naturalmente alegre, laborioso, pacífico e poupado. O Trasmontano, habituado a viver entre altas serranias, acostumou-se a contar quase só consigo, e é forte, duro, desembaraçado, independente e hospitaleiro.

Nas serras da Beira Alta e da Beira Baixa encontramos um tipo muito parecido com o trasmontano. O Beirão da Beira Litoral aproxima-se muito do feitio do Minhoto, pois é, como ele, poupado e trabalhador.

No Ribatejo encontramos um português orgulhoso, acostumado a lidar com toiros e cavalos, independente, corajoso e leal.

O Alentejano é outro tipo de homem: parece-nos com o Estremenho, se não no aspecto exterior, pelo menos no conceito que faz da sua pessoa; é hospitaleiro e gosta de mostrar grandeza. Fora da convivência dos outros homens, é metido consigo e raro se lhe ouve uma cantiga, daquelas cantigas alentejanas tão lindas, que deixam na alma de quem as ouve uma impressão de saudade e de tristeza.

O Algarvio tem seus traços de comum com o Alentejano, mas é mais alegre, mais vivo, bom negociante e bom marinheiro.

Somos, pois, os Portugueses, um só povo, mas com caracteres que distinguem os habitantes de cada região."[147]

Esta tentativa de definir a identidade nacional tinha já raízes muito antigas e foi sempre variando entre um carácter guerreiro, valente e descobridor e um modo de ser fatalista e deprimido. É no século XIX que nasce esta busca de uma psicologia étnica dos portugueses, mas é no século XX que ela vai atingir o auge, envolvendo-se na defesa da *pax rústica*[148] do Estado Novo. A busca da identidade afirmou-se nesta ideia de ruralismo pacato. Ainda no século XVIII, João Bautista de Castro tenta fazer essa caracterização

---

[147] "O Povo Português", *Livro de Leitura da 3ª classe*, Lisboa, Ministério da Educação Nacional, s.d, pp. 63-64.

[148] Citado por Nuno Rosmaninho, *Cultura e Património*, Universidade de Aveiro, 2007/08 [policopiado], p. 38.

intelectual. Teófilo Braga continua essa pesquisa, concluída por Adolfo Coelho e Rocha Peixoto que sublinham sempre as características intelectuais e os sentimentos. Jorge Dias retoma depois esta caracterização, tentando definir a personalidade–base do português, baseando-se em características psicológicas, às quais adiciona costumes etnográficos.[149]

No que diz respeito à sua lógica estrutural, o Museu vai inserir-se numa tipologia diferente dos tradicionais museus de arte, uma vez que o aspecto científico é preterido em relação ao pitoresco, inserindo-se nesta linha de pensamento que temos vindo a apresentar. O objectivo era dar um retrato ruralista do país e exaltá-lo, de modo a que o visitante saísse do museu emocionado e maravilhado pelos valores humildes do povo português. Os objectos estavam expostos não por categoria, mas sim por região. A distribuição das salas pretendia seguir a ordem geográfica das províncias, mas teve de ficar confinada ao espaço e ao tamanho das colecções, pelo que a sala do Algarve aparece entre a sala de Trás-os-Montes e das Beiras.[150] As salas encontravam-se cheias de objectos que enchiam os olhos dos visitantes e que os levavam a um primeiro contacto com a cultura popular. Acaba mesmo por ser um museu instintivo e emotivo, tal como a arte que representa. O objectivo era construir "um museu vivo e daí a utilização das mais variadas qualidades de suporte para as espécies, evitando-se ao máximo as vitrinas."[151]

Outro aspecto importante é o facto de não possuir reserva. Toda a colecção estava exposta, pois todas as peças eram consideradas importantes, não existindo um critério selectivo. As colecções exibidas eram de natureza muito variada: escultura, pintura, tecidos, móveis, ourivesaria, cerâmica, trabalhos em ferro em madeiras, em cera, em papel, objectos religiosos e profanos, instrumentos de fiação, tecelagem e até elementos arquitectónicos. A maioria da colecção era constituída por objectos encomendados (con-

---

[149] Nuno Rosmaninho, *Cultura e Património*, Universidade de Aveiro, 2007/08 [policopiado], pp. 53-57.

[150] Maria Madalena de Cagigal e Silva, *Os Museus de Arte Popular*, Revista Museu, Segunda série, nº 5, Porto, Edições Maranus, Agosto de 1963, p. 27.

[151] *Idem*, p. 27.

Fresco alusivo às festividades trasmontanas da autoria de Anahory.

Legendas das diferentes salas do Museu de Arte Popular.

siderados cópias por nunca terem sido usados), mas também havia originais (que haviam sido usados pelo povo).[152]

A visita ao museu iniciava-se pelo átrio com frescos da autoria de Tomás de Melo (Tom) e Manuel Lapa onde figuravam os tipos populares (o pastor, a peixeira...) e cenas da sua vida quotidiana (o trabalho e a oração).

Cada sala era acompanhada por uma legenda poética identificativa que, no fundo, caracterizava ideologicamente a região. Houve uma tentativa de criar um carácter, uma personalidade para cada região de Portugal. Para além do nacionalismo, era também exaltado no museu o regionalismo.

A primeira sala era dedicada à região Entre Douro e Minho com a legenda sugestiva de "Minho, caixa de brinquedos de Portugal", acompanhada por um mapa e um fresco, também da autoria de Tom e Manuel Lapa. A província é apresentada como o local de festa e romaria de excelência, cheia de cor e vivacidade popular. De salientar aqui a existência de uma grade de ferro, cópia da Sé de Lisboa e de uma pequena montra, onde eram apresentados os manequins com os trajes regionais.

---

[152] Maria Madalena de Cagigal e Silva, *Os Museus de Arte Popular*, Revista Museu, Segunda série, nº 5, Porto, Edições Maranus, Agosto de 1963, p. 28.

*ALGUMAS LEGENDAS
DAS SALAS DO MUSEU
DE ARTE POPULAR*

E<small>NTRE DOURO E MINHO: CAIXA
DE BRINQUEDOS DE PORTUGAL</small>

T<small>RÁS-OS-MONTES: CRUZEIRO DE
PORTUGAL. GRANITO E CÉU</small>

B<small>EIRAS: FLANCOS DE PORTUGAL.
A MONTANHA E O MAR NA MESMA
CINTURA</small>

E<small>STREMADURA E ALENTEJO:
PLANÍCIE QUE SONHA E QUE TRA-
BALHA</small>

A<small>LGARVE: COLORIDO RODAPÉ
NUMA TERRA DE LENDAS</small>

De seguida, entrava-se na sala de "Trás-os-Montes, cruzeiro de Portugal, granito e céu" que dispunha de um *mezanine* com balaustrada, com as paredes revestidas a granito. Na parte de cima, existia um fresco com o percurso do vinho do Porto acompanhado pela legenda "Douro, vinho de oiro" e, na parede lateral, um fresco da autoria de Anahory, onde são retratados os costumes de Trás-os-Montes. Esta região é apresentada como lugar de lendas e de riqueza agrícola, onde os homens são resistentes como o granitos que ali abundam.

Passava-se por um pátio, onde estava uma colecção de carros tradicionais e relógios de sol.

Do outro lado do pátio, surgia a sala do Algarve, "Colorido rodapé numa terra de lendas", onde outrora havia sempre nas prateleiras doces do Algarve, renovados anualmente e injectados com um conservante, autênticas obras de arte em açúcar. Decorava a parede um mural, também da autoria de Tom e Manuel Lapa. O Algarve é apresentado como um local de mitos que encaixa perfeitamente na fisionomia do país, como um rodapé.

A sala das Beiras, "Flancos de Portugal: a montanha e o mar na mesma cintura", alude à configuração física das províncias, o mar e a montanha marcam os seus limites. Tinha a reconstituição de uma habitação rural de

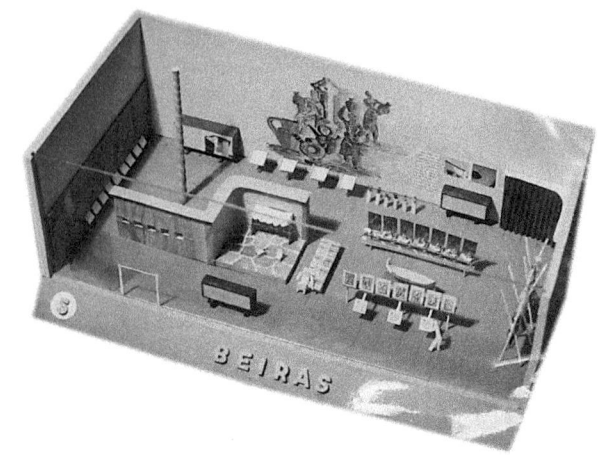

Fotografia da maqueta da sala das Beiras.

Aspecto expositivo da mesma sala.

Monsanto e de um quarto popular (de inspiração do século XVIII). Aqui, um mural de Carlos Botelho ocupava a superfície de duas paredes, a sua história tem início na beira-mar e acaba no interior, mostrando as diferenças regionais através dos seus costumes e tradições. Apresenta vários planos intercalados por figuras estilizadas. Mistura também elementos da religiosidade popular com motivos pagãos. A paisagem termina em Monsanto, onde o galo de prata encima a torre da igreja e cuja cópia existe no museu.

Por fim, a sala da Estremadura, "Alentejo, planície que sonha e trabalha" e "Ribatejo, arte popular da bravura" apresentava no centro da sala a reconstituição de uma cozinha alentejana. Nas paredes, decoradas também com frescos da autoria de Estrela Faria e Paulo Ferreira. O Santo António de Lisboa representa a Estremadura e a "Nazaré, ex-voto do mar português" a terra saloia.

A visita acabava num pátio, antigo claustro do Pavilhão da Ourivesaria da Exposição do Mundo Português, onde os visitantes podiam descansar da bela, mas fatigante visita.[153]

---

[153] Hoje em dia, ao lado do claustro, estão colocadas peças oriundas da secção colonial

No museu, existia ainda mobiliário e manequins de ferro do Centro Regional da Exposição do Mundo Português. Foram depois realizados outros, cujos modelos foram os bailarinos do Verde Gaio com penteados feitos com corda, diferentes segundo a zona do país que representavam.

No plano de organização do novo museu, de 1942, realizado por Francisco Lage[154], director da Secção Etnográfica do SNI, estava também projectada uma sala cultural, para conferências, cinema, demonstrações musicais, etc., que tinha ligação ao claustro e jardim anexo e ocupava a sala onde funcionou o cinema durante a Exposição do Mundo Português. Aliás, logo na introdução, Francisco Lage apresenta como missão do Museu do Povo Português a "unidade política da Nação que é resultante da sua unidade étnica". Neste plano é sugerida a distribuição das secções em manifestações individuais (habitação, traje, trabalho, indústrias, transportes) indivíduo-sociais (comércio, feiras, festas, jogos) e sociais (família, arte, música, dança, canto, teatro, hierologia

---

da Exposição do Mundo Português, como a Fonte dos Elefantes e um lago. A colecção do museu está encaixotada nas salas traseiras do Museu, visto este estar em obras desde o ano 2000 e o seu futuro ser agora uma incógnita.

[154] Francisco Lage foi o primeiro director do Museu, até 1957, tendo sido depois substituído por Manuel de Mello Corrêa. *Prorrogação de direcção interina do Museu de Arte Popular (1957-1959)*, Fundo SNI, Arquivo Nacional da Torre do Tombo, Lisboa.

Aspecto expositivo da sala de Trás-os--Montes.

Pormenor dos vidros das portas da entrada principal do Museu de Arte Popular.

e superstição, magia, hagiologia).[155] É apontada a hipótese de incorporar no futuro museu o guarda-roupa do SPN do grupo de bailados Verde Gaio e o histórico, o que realmente demonstra que não havia fronteiras delineadas sobre o que devia realmente fazer parte do acervo do museu. Este era visto até como um depósito do guarda-roupa usado, o que nada tinha a ver com a arte popular e com os objectivos do museu. É também aconselhada a manutenção do "carroussel" da Exposição do Mundo Português na sala de venda de artigos regionais para criar boa disposição nos compradores. [156]

Neste mesmo plano, são apontados como defeitos do museu a falta de segurança, de ventilação, as poucas condições de conservação e o itinerário sem lógica.

O plano do museu parece ter sido influenciado pelo artigo "Em torno da criação de um Museu Ergológico Brasileiro" publicado no jornal *Acção* de 13-5-1943. Este artigo, extraído do jornal *A Manhã*, do Rio de Janeiro, defende a criação de um museu dedicado ao folclore brasileiro, dividido em duas partes;

---

[155] No Plano de Organização do Museu de Arte Popular existente no MOPT, está anexada uma cópia deste artigo que pensamos ter sido fonte de inspiração para Francisco Lage.
[156] *Praça do Império e zona marginal de Belém, Plano de organização do Museu de* Arte Popular, MOPT, 1941-49.

a animologia (referente à alma ou espírito: costumes, crenças, ritos, dança...) e a ergologia (valores de utilidade: mobiliário, alimentação, indumentária, cerâmica, cestaria...). Mais do que isso, o autor, Gustavo Barroso (representante do Brasil em Portugal aquando da Exposição do Mundo Português), propõe a divisão do país em "regiões características" e traça um plano de organização para o futuro museu. Dá como exemplo o Museu da Póvoa de Varzim e traça como objectivos principais para este museu o estudo e o facto de ser "um cartão de visita ao estrangeiro em nome da nossa peculiaridade nacional."

O museu na imprensa

A inauguração do museu foi amplamente difundida nos órgãos de comunicação, em jornais e revistas, principalmente. A imprensa recebeu com entusiasmo patriótico o museu, realçando particularmente o povo português como seu autor, o que denota que o que interessava, na realidade, era enaltecer a ideologia que estava por trás do museu, a ideologia neogarrettiana. O povo é usado para a propaganda do pitoresco e do "bonitinho".

Na revista *Ocidente,* que há muito dedicava artigos à etnografia e à arte popular, o museu é tratado como a obra maior de António Ferro que conseguiu construir um documento vivo da alma do povo português, transcrevendo o discurso de inauguração de Ferro e deixando como sugestão a multiplicação do "museu em pequenos museus pelas regiões mais características do país."[157] Mas nem todos os comentários são elogiosos, nomeadamente na secção dedicada a "Notícias e Comentários" da *Revista Portuguesa de Filologia*, surgem algumas críticas ao museu, apontando o facto de haver "certas pinturas murais e bonecos aperaltados que deformam a realidade popular" ou a representação do povo trabalhador em trajos de festa, ou ainda o ridículo de certas legendas como a do Minho, "Caixa de brinquedos de Portugal". Apesar destas críticas, o museu é considerado um museu de estudo em desenvolvimento, devido principalmente ao seu director, Francisco Lage.[158]

---

[157] *Uma escola de arte e poesia, O Museu de Arte Popular,* Ocidente, vol. XXXV, 1948, p. 65.

[158] *Museu de Arte Popular,* Revista Portuguesa de Filologia, vol. II, 1948, pp. 30-31.

Pormenor dos azulejos que decoram o exterior do Museu de Arte Popular.

Pormenor do trabalho de ferro da porta lateral do Museu de Arte Popular.

Também a revista *Panorama* edita vários artigos sobre o assunto. Em 1944, tinha saído um artigo de divulgação sobre o "Futuro Museu da Arte e Vida do Povo Português, afirmando que "Lisboa vai ter (...) mais uma valiosa fonte de cultura, que será também, outro importante elemento de atracção turística" e apresenta, em primeira mão, fotografias das maquetas de algumas salas[159]. Em 1948, no número 35, num artigo sobre "O novo museu de Arte Popular em Belém", este é considerado o melhor "cartaz de Portugal na vivacidade espontânea e sugestivamente característica da sua gente". Mais do que um cartaz, que se rasga, o museu fica, é um corpo vivo. Só faltava agora completar a lição com um Museu Nacional de Etnologia, o "Museu da Raça Portuguesa", complementaria cientificamente "a exposição garrida e visualmente atractiva (...) do Museu de Arte Popular". [160]

Noutro artigo publicado no número 36 e 37, compara a arte popular a poesia que resulta do poder intuitivo e da autenticidade do povo, evidenciando

---

[159] *O Futuro Museu da Arte e Vida do Povo Português*, Revista Panorama, nº 20, vol. 4º, Lisboa, Edições SNI, cultura Popular e Turismo, 1944, páginas não numeradas.

[160] Luís Chaves, *O novo museu de Arte Popular em Belém*, Revista Panorama, n. 35, vol. 6º, Lisboa, Edições SNI, cultura Popular e Turismo, 1948, páginas não numeradas.

sempre a sua principal característica, o carácter nacional.¹⁶¹ O museu tem ainda por finalidade ser um repositório fiel das tradições populares, pois "a memória, tanto individual como colectiva, é caprichosa e precária e, quando apenas a ela confiada, a tradição corre o tremendo risco de perder-se ou abastardar-se.¹⁶²"

O Museu foi oficialmente inaugurado a 15 de Julho e, no dia seguinte, foi primeira página de quase todos os jornais. O maior realce é dado pelo *Diário da Manhã*, que no dia seguinte à inauguração transcreve, na íntegra, o discurso de António Ferro.¹⁶³ Já na véspera da inauguração, saíra um artigo sobre o Museu, realçando "o monumental palácio documentário da arte regional portuguesa", as artes decorativas das salas e a "reconstituição do ambiente familiar do rústico: cantos da casinha da aldeia, amorosa e tranquila (...) a utensilagem caseira, o documentário de toda a indústria doméstica e local."¹⁶⁴ Porém, a mais completa descrição do Museu surge num artigo assinado por Fernando de Pamplona de 17 de Julho de 1948, com o título "O Museu de Arte Popular, documento vivo da terra e da gente portuguesa", que nos dá uma panorâmica geral e, ao mesmo tempo, uma leitura ideológica do itinerário por ele realizado no segundo dia de vida do museu:

> Nunca um museu foi menos museu do que este, agora nascido à beira do Tejo, para as bandas de Belém. É que nenhum esteve também mais próximo da vida. Nele vemos desfilar, em manchas de quente colorido ou em notas graves, recolhidas, ternas, toda a graça multiforme da terra portuguesa; através dele. Visionamos o povo sadio e rijo dos quatro cantinhos de Portugal a labutar nas veigas, nas serras, sobre as verdes águas marinhas, ou a cantar, a dançar e a rir ao sol ardente das romarias e das festas. Está ali, a traços grossos, mas garridos e

---

[161] A *Poesia no Museu de Arte Popular*, Revista Panorama, n. 36-37, vol. 6º, Lisboa, Edições SNI, cultura Popular e Turismo, 1948, páginas não numeradas.

[162] *Idem*.

[163] "Amar o Povo", *Diário da Manhã* de 16 de Julho de 1948.

[164] "António Ferro esteve ontem com a imprensa no Museu de Arte Popular", *Diário da Manhã* de 14 de Julho de 1948.

vibrantes, o retrato do povo português, daquele povo que não veste pelos figurinos da estranja, que não perdeu o carácter próprio e que, por isso mesmo, é diverso dos mais povos da terra, é inconfundível entre mil.

(...) Eis o milagre. A vida não se desprendeu das suas raízes, não se mumificou ou transpôs as portas do Museu de Arte Popular. Acumulou-se, ordenou-se, seleccionou-se o mais rico e variado material etnográfico, desde os trajos típicos e garridos de cada região vestidos em manequins que parecem gente, desde os instrumentos de trabalho agrícola e marítimo, desde o mobiliário tosco mas alecre dos carros de lavoura ou dos barcos moliceiros (...) até à olaria ingénua, pitoresca, (...) até às rendas de bilros, às colchas de noivado ou às enternecedoras maquinetas com santinhos populares. O pão do corpo e o pão do espírito – ambos indispensáveis à vida dum povo de corpo e de alma sãos. Mas este material vastíssimo poderia dizer-nos muito pouco, poderia deixar-nos indiferentes. Tal não sucede. E não sucede porquê? Porque foi disposto com graça, com inteligência, com subtileza, com subtileza, com intuição psicológica, com sentido decorativo – porque, enfim, foi apresentado com arte (...).

Tal êxito deve-se ao grupo de artistas decoradores que puseram de pé o Museu, que arrumaram as colecções sem lhes roubar o sal da vida, que vestiram as paredes de decorações cheias de cor e sol, a rimarem à maravilha com as velhas e rudes usanças das gentes simples dos campos, das serras e da beira-mar. E deve-se sobretudo à batuta de António Ferro (...) que tudo dirigiu com mestria. (...)

Logo no gracioso e bem proporcionado vestíbulo deparamos com um mapa de Portugal dividido nas suas grandes regiões étnicas e com uma decoração mural de Manuel Lapa e Tomás de Melo (Tom), síntese dos costumes e do carácter do nosso povo e introdução em sua animada policromia, ao panorama pintalgado e trepidante que é todo o museu.

Segue-se a Sala de Entre Douro e Minho – raiz de Portugal. Cheia como um ovo, é das mais ricas de substância, das mais opulentas de cor". Nova decoração mural de Manuel Lapa e Tomás de Melo (Tom), aqui mais popular, mais cru em suas tintas, a dizer com os galos de colorido gritante que se estadeiam nas romarias e nas feiras e que animam aqui os mostruários. Esculturas de granito, relógios de sol, exemplares de cestaria, alfaias, ferragens, jugos enfeitados, faianças, barros vidrados, arreios guizalhantes, rocas de fiar, arrecadas de oiro, retábulos de alminhas, registos de santos – tudo está no seu lugar (...).

Na sala de Trás-os-Montes, Manuel Lapa e Tomás de Melo (Tom), acompanharam de uma pintura delicada de tons, com predomínio dos verdes, um mapa da região duriense. Assopradores de fogo, cutelarias, lenços de seda, máscaras de chocalheiros de Mogadouro, olaria (...), mantas serranas, o jugo mirandês – dão-nos a severa e máscula fisionomia trasmontana. De Eduardo Anahory uma decoração mural de duros contrastes, alegre e triste, com algo de fantasmagoria, em que contracenam os chocalheiros de Mogadouro e os pauliteiros de Miranda.

No pátio, há um curioso churrião pintado e uma Piedade cheia de dramatismo em suas formas toscas.

Surge então a Sala do Algarve, mais pequena, aconchegada. E cabe bem ali esse Algarve soalheiro, florido que Manuel Lapa e Tomás de Melo (Tom), procuraram traduzir numa pintura de tons claros e cantantes. Cestaria, cajados, cortiços de abelhas, arcas e ferragens, olaria, velas enfeitadas, sem esquecer a doçaria regional de amêndoa e figo, que imita as aves e os peixes. (...)

Depois, é a sala das Beiras, ora grave, ora sorridente, com a evocação da vida pastorícia da Estrela e da vida industrial da Covilhã, das tradições de Viseu e das graças fidalgas de Coimbra. Uma expressiva pintura mural de Carlos Botelho reúne as lendas do Monsanto e a esbeltez doce e um pouco triste das tricanas do Mondego.

Por fim, a Sala da Estremadura e do Alentejo – um pequeno mundo. A abrir, uma soberba talha para vinho de Campo Maior. Desfilam a olaria vidrada de Redondo, a olaria pedrada e roçada de Nisa, uma cozinha alentejana, móveis pintados, teares, esculturas de cortiça, ex-votos da Nazaré, imagens populares de Santo António. Estrela Faria pintou uma linda decoração mural, de tons vivos, mas harmoniosos, que figura o Alentejo, sua paisagem, os seus tipos, as suas fainas rústicas. Paulo Ferreira, em cores festivas, vibrantes, que soam como fanfarras, representa a Estremadura: o Ribatejo com a festa brava, toiros e campinos sobre a lezíria verde; a Nazaré com os seus barcos, os seus pescadores, o seu fundo marinho; os saloios com seus costumes sóbrios e seus burricos mansos; e as festas populares de Lisboa, o Santo António de rosto menineiro, protector dos namorados, os vasos de manjerico e os arraiais com balõezinhos de papel, marujos e varinas.

Não é um museu: é Portugal que passa, num *film* assombroso de colorido, trepidante de música, de luz e de canções, bafejado pelo calor da vida.[165]

Pamplona dá assim um retrato geral do museu, indicando-nos igualmente um retrato do povo português "sadio e rijo", arredado das modas do estrangeiro, do moderno, da anti-tradição que queria corromper o povo. Este era o retrato de como o povo português devia ser e não como, na realidade, era.

O galo de prata, prémio simbólico do concurso Aldeia mais Portuguesa de Portugal, figurava à entrada do Museu e era muito notado pelos jornalistas que o referenciam sempre.[166] Há um evidente paralelismo ideológico entre

---

[165] Fernando de Pamplona, "O Museu de Arte Popular, documento vivo da terra e da gente portuguesa", *Diário da Manhã* de 17 de Julho de 1948.

[166] Tanto no *Diário da Manhã* de 14-VII-1948, como no *Notícias de Lisboa* de 15-7-1948.

estas duas iniciativas do SPN. Para além dos intuitos propagandísticos associados às duas, tanto o museu como o concurso tinham como base a defesa do ruralismo bucólico e da consequente linha neogarrettiana, assim como a realização de uma "cartografia dos estereótipos regionalistas".[167] A antítese cidade/campo está também presente, tal como a ideia de pobreza dignificante, defendida na nomeação de Monsanto, por ser um dos locais mais atrasados de Portugal. De qualquer modo, esta concepção poética de Monsanto, surtiu efeito e ainda hoje se recorda este concurso. A arte popular assumiu lugar de destaque, tendo sido apreciada como a mais autêntica expressão do povo, tanto que, no ano seguinte, nasceria o museu de consagração da arte popular, onde a aldeia de Monsanto também está presente, no já referido fresco de Carlos Botelho. Porém, na realidade, este concurso não alterou em nada a vida da aldeia que continuou a viver no seu glorificado atraso, sem acesso a água ou a luz ou a qualquer réstia de progresso.[168]

O nascimento da ideia do museu é destacado no artigo "Os pioneiros duma cruzada de Etnografia e Folclore", assinado por Artur Maciel, publicado no jornal *Diário de Notícias*:

> Acabavam de realizar-se aquelas Festas da Cidade em que o Torneio Medieval alimentou de sonho as pedras dos Jerónimos, o Cortejo Histórico trouxe fulgor de séculos em passeio pelas ruas, a Lisboa Antiga reviveu pátios de comédias, mercadores e aguazis setecentistas...
>
> (Miguel de) Unamuno, (François) Mauriac, Jules Romain,(...) tinham estado sob as ogivas de Alcobaça e entre os cedros do Buçaco, haviam deambulado pelos "gerais" de Coimbra e pelas ruelas do Porto, subido até às capelas do Bom Jesus, escutado harmónio (...) no alto de Santa Luzia, vogado em moliceiros (...) na Ria de Aveiro. (...)

---

[167] Daniel Melo, *Salazarismo e Cultura Popular*, Lisboa, Imprensa de Ciências Sociais, 2001, pp. 221.

[168] Daniel Melo, *Salazarismo e Cultura Popular*, Lisboa, Imprensa de Ciências Sociais, 2001, p. 227.

Encontrávamo-nos já em começos de Julho desse ano de 1935, e no antigo S.P.N., ali a S. Pedro de Alcântara, vendo ainda a silhueta fronteira do Castelo S. Jorge sem restaurar, António Ferro a dar voltas à sua imaginação ansiosa e à sua vontade tenaz, pensava comigo na organização (...) da Quinzena Portuguesa a efectuar, dentro de dois meses, em Genebra. O fulcro da tal exposição seria uma exposição da nossa arte popular. (...)

A treze anos de distância, estou a ver-me a ensaiar os primeiros passos dessa cruzada etnográfica e folclórica, em que Francisco Lage aparece, logo de entrada, com o seu olho apaixonado de lince (...). Traça-se um mapa do País, onde as maiores cidades são lugarejos longínquos e recônditos, as melhores estradas, ásperas ou sinuosas veredas por vales e serras. Fazem-se listas de importação interna e imediata, que visam mercados e feiras, aldeias (...), lojecas (...), até artífices especialistas.

O dramaturgo dos "Lobos" parte para Trás-os-Montes. Carlos Lobo de Oliveira, o poeta de "Roteiro de Saudades" segue para as bandas de Leiria. Cabem os vastos montes alentejanos a um "ás" do cinema: António Lopes Ribeiro. (...) Tomás de Melo estuda e engendra as máscaras e os corpos dos bonecos que hão-de servir de manequins. Dalila Braga revela-se, surpreendentemente, em cúmulos de paciência e gosto, a confeccionar trajos em miniatura (...) de rigorosa fidelidade aos típicos modelos regionais. (...)

Quando os três pioneiros regressam e as suas bagagens se despejam, o estúdio do S.P.N., faz-se em armazém: é um pequeno mar revolto, onde as garridas filarmónicas de barro de Barcelos, as louças brunidas de Bizalhães, as cangas envernizadas do Minho, os "registos" da Nazaré, os lenços de Alcobaça se misturam com os jugos coloridos da Maia, as colchas de crivo de Castelo Branco (...).

A varina de Lisboa, o mirandês de capa de honra, as capucheiras de Barrroso e do Caramulo, as lavradeiras de Viana, os sargaceiros da Apúlia, o campino do Ribatejo já estão de pé e à vista, aguardando, em fila, que a galeria de figuras populares se complete. 8...)

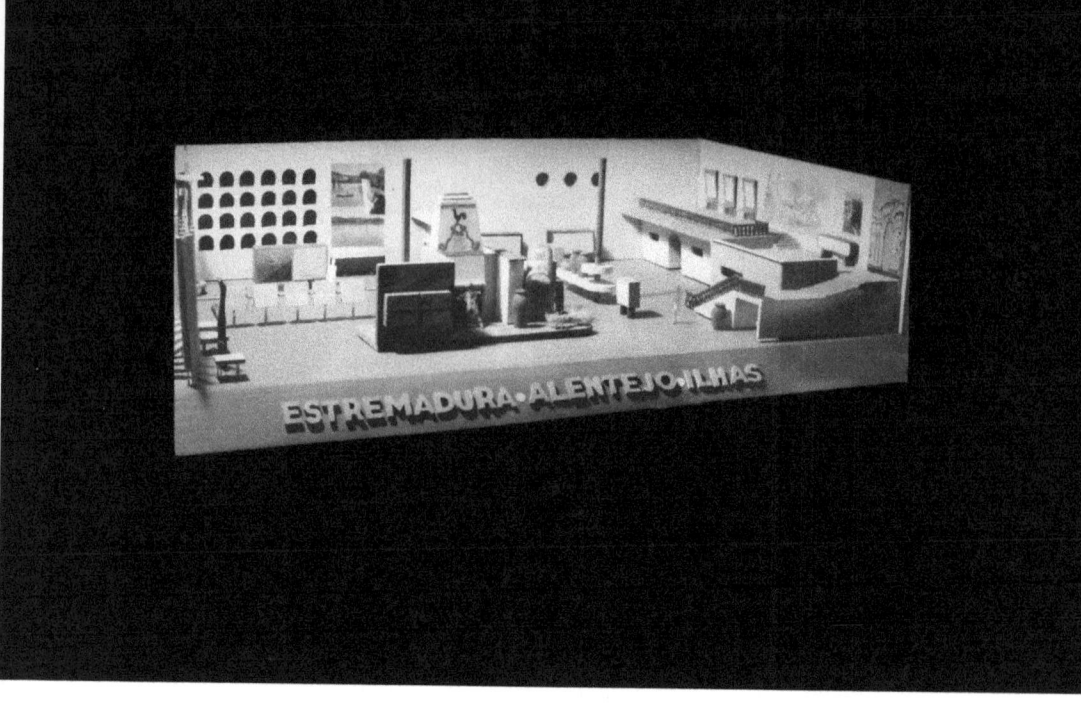

Correm os primeiros dias de Agosto (...) o S.P.N. adquire a certeza de poder apresentar, em Setembro, na Quinzena de Genebra, uma representação já condigna da etnografia e do folclore nacional. Quando essa primeira Exposição de Arte Popular Portuguesa se inaugura, todos os que para ela contribuíram com o seu trabalho sentem e entendem que aquele núcleo será, fatalmente, o germe de alguma coisa maior e decisiva.

Entrou então a fase de estudos especializados, de iniciativas paralelas, como fossem o concurso de monografias locais e o concurso da aldeia mais portuguesa, a publicação de álbuns e folhetos divulgadores. (...)

Em 1940, quando das Comemorações Centenárias, a construção e o recheio dos pavilhões que formaram o Centro Regional no recinto da Exposição do Mundo Português. A semente de Genebra frutificou frondosamente em Belém. (...)

Assim felizmente aconteceu, e o Museu de Arte Popular é hoje uma consoladora e eloquente realidade em Lisboa. (...)[169]

---

[169] Artur Maciel, "Os pioneiros de uma cruzada de Etnografia e Folclore", *Diário de*

Fotografia da maqueta da sala da Estremadura/ Alentejo e Ilhas. A parte das Ilhas nunca foi concretizada, tendo o museu apenas alguns objectos exemplificativos dessas regiões.

Aspecto expositivo da sala de Entre-Douro-e-Minho.

A iniciativa do museu era completada com o estudo e publicação de monografias, concursos, incluindo a aldeia mais portuguesa de Portugal, exposições internacionais e concepção de ranchos folclóricos e marchas populares. Acabava por ser a pedra de toque de um plano geral muito mais vasto.

A colecção

O cadastro realizado da colecção, iniciada já em 1935, revelou-se insuficiente. A partir de 1958 passou a ser conservadora do Museu a Dra. Madalena Cagigal e Silva, que entre outras tarefas, iniciou o inventário do museu, pois existia apenas um cadastro de algumas das salas. Num texto de 1962, afirma que, no caso dos museus de arte popular, há três soluções diferentes para a apresentação de exposições: "a reconstituição de ambientes, a apresentação classificada das peças das várias regiões, por um processo mais ou menos aproximado do utilizado nos museus de arte culta, ou um

---

Notícias de 14 de Julho de 1948.

Aspecto expositivo da sala de Entre--Douro-e-Minho.

Aspecto expositivo da sala de Entre--Douro-e-Minho.

sistema em que estes dois apareçam associados."[170] O museu de arte popular adoptou a terceira hipótese, uma vez que existiam apenas duas reproduções de ambientes na sala dedicada à Estremadura e Alentejo.

A citada conservadora explicita que as principais funções de um Museu de Arte Popular são a "preservação e recolha das obras folclóricas, o fornecimento de dados à Etnografia e à História", pelo que têm também um interesse científico. Contribuem também para o desenvolvimento artístico, uma vez que são fonte de inspiração para artistas e proporcionam "às pessoas de mentalidade mais atrasada um primeiro contacto com a cultura e com os museus (…) servindo-lhes de primeiro degrau para depois visitarem e se ocuparem de museus e assuntos de um nível mais desenvolvido." Servem ainda de propaganda e conhecimento do País no estrangeiro.[171]

A partir da informação do cadastro conseguimos saber o número de objectos por sala e os anos de aquisição das peças. Assim, em 1940 foram incorporadas no museu 684 peças, em 1941, 137 e em 1945, 50. Em 1949,

---

[170] Maria Madalena de Cagigal e Silva, *Os Museus de Arte Popular*, *Revista Museu*, Segunda série, nº 5, Porto, Edições Maranus, Agosto de 1963, p. 26.

[171] Maria Madalena de Cagigal e Silva, *Os Museus de Arte Popular*, *Revista Museu*, Segunda série, nº 5, Porto, Edições Maranus, Agosto de 1963, pp. 30-31.

para a sala de Entre-Douro-e-Minho foram adquiridas 1333 peças. Em 1950, para a sala de Trás-os-Montes entraram no museu 493 peças. Para a sala do Algarve entraram 461 peças e para a das Beiras 776. Por fim, num aumento de 1973 foram contabilizadas 107 peças. Podemos verificar que a sala mais rica era a primeira, correspondendo a Entre-Douro-e-Minho, por ser considerada o estereótipo mais emblemático de Portugal. Dentro das categorias dos objectos, os mais representados eram os utensílios domésticos, de decoração e os trajes regionais. Mais uma vez era valorizado o pitoresco, o colorido e vivaz, em detrimento do científico.[172]

    A divisão regional espelhava-se igualmente no artesanato. Cada região tinha a sua indústria típica, que a individualizava. No artigo "Artesanato Português", Sebastião Pessanha distingue as principais artes de cada província. O mobiliário era característico do Algarve e do Alentejo, a cerâmica tinha focos em várias regiões, Lisboa, Alcobaça, Coimbra e Alentejo, já o fabrico de cobres era no Alentejo. A cestaria, embora fosse produzida em todo o país, era de muito boa qualidade no Douro Litoral e no Algarve.

---

[172] Informação recolhida a partir do *Cadastro do Museu de Arte Popular (1940-1960)*, Fundo SNI, Arquivo Nacional da Torre do Tombo, Lisboa (nº 1967); *Cadastro do Museu de Arte Popular (1973)*, Fundo SNI, Arquivo Nacional da Torre do Tombo, Lisboa (nº 2096).

Aspecto expositivo da sala de Trás-os-Montes.

Aspecto expositivo da sala do Algarve.

A tecelagem era igualmente produzida em todo o país. Nos bordados destacava-se a Madeira e os Açores, Viana do Castelo e Castelo Branco. De Peniche e Vila do Conde vinham as famosas rendas de bilros. Dos trajes típicos de cada província, o de Viana era o mais notado pela riqueza dos tecidos e seus bordados. E, por fim, salienta ainda a filigrana, "o mais característico aspecto da nossa ourivesaria popular (...) nela se revela a perícia, a arte, a técnica, a graça dos seus modestos lavrantes."[173]

Através de algumas descrições da época, podemos saber qual era o aspecto do museu à data da sua inauguração. No *Mensário das Casas do Povo* de 1949[174], existe um artigo de Sebastião Pessanha, que relata com algum pormenor as colecções mais importantes de cada sala. Na sala de Entre Douro e Minho, destaca "uma valiosa colecção de pesos de balança, de granito, de vários tamanhos e formatos, vinda de Ponte da Barca, e alguns relógios de sol, do mesmo material". Estão também aqui representados

---

[173] Sebastião Pessanha, "Artesanato Português", *Mensário das Casas do Povo*, Ano XIX, n° 224, Junta Central das Casas do Povo, 1965, pp. 4-6.

[174] Sebastião Pessanha, "Museus Etnográficos VII", *Mensário das Casas do Povo*, Ano III, n° 33, Junta Central das Casas do Povo, 1949, pp. 12-13. Os trechos citados que se seguem foram retirados deste artigo.

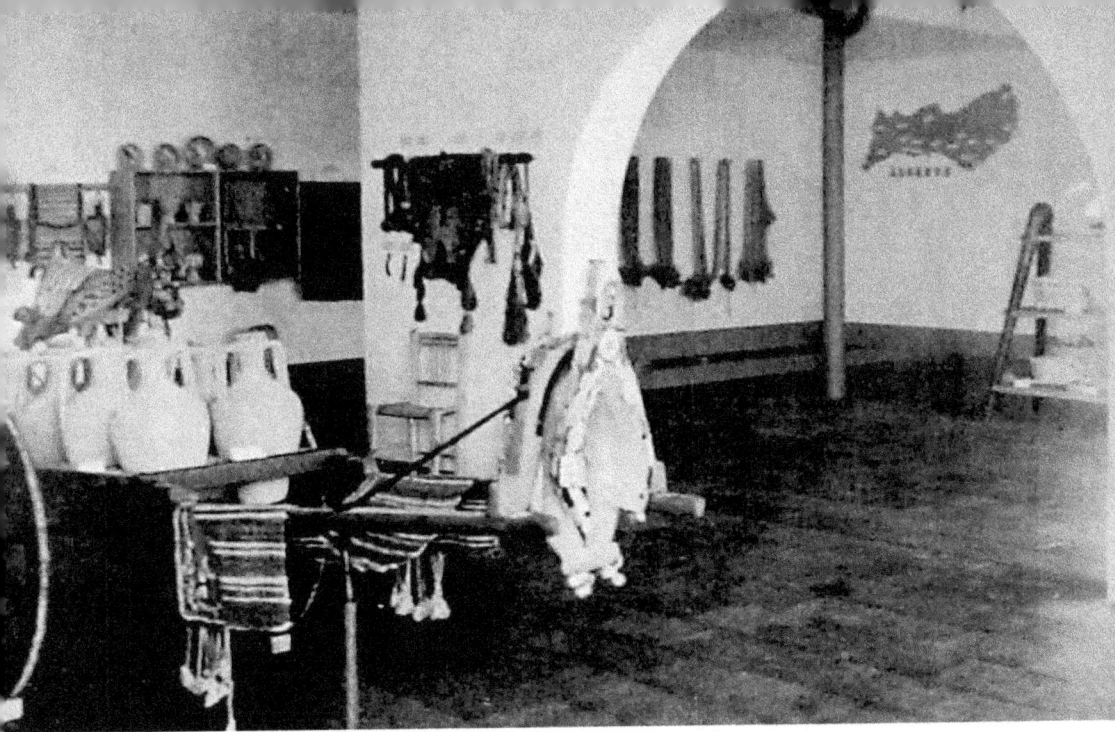

os mais importantes centros de olaria, Barcelos, Guimarães e Vila Verde, e de cestaria, Viana, Amares, Âncora e Cete. Marca igualmente presença o sector têxtil, com aventais, camisas, coletes de Viana do Castelo e Ponte de Lima e um chapéu de noiva do século XIX, com aplicações e plumas, de Vila Verde, objecto raro, segundo o autor. Valiosa e representativa da região, existia também na sala minhota, uma colecção de cangas e jugos de Barcelos, Braga, Porto, Arcos e Ponte da Barca. O autor chama a atenção para um "búzio de chamar, de Buços (Cabeceiras de Basto), um chifre enorme para conter vinho, com aplicações de latão e cordão para trazer a tiracolo, um belo grupo de sarilhos, caneleiros e dobadouras, e uma arca pintada ao gosto popular, de Braga, valioso exemplar no género."

Já o itinerário do Museu[175] destaca, na mesma sala, "uma série de ampliações fotográficas" que documentam os costumes, as actividades e as manifestações festivas da região. Para além disso, faz referência a uma colecção de pratos de faiança popular e nas vitrinas, "toalhas bordadas da visita pascal, de Santa Marta de Portuzelo, uma característica renda de bilros da Póvoa do Varzim, com motivos da fauna e flora marítimas, faianças

---

[175] *Museu de Arte Popular, itinerário*, Lisboa, Edições SNI, s.d., pp. 6-7.

policromas de Viana do Castelo e Vila Nova de Gaia, (...) além de manequins vestidos com os lindos e característicos trajos de trabalho e de festa da região".[176]

Subindo a escada, que dá acesso à sala seguinte, encontrava-se uma curiosa colecção de peças ligadas à vida religiosa: alminhas, ex-votos, caixas de esmolas, lanternas de procissão, maquinetas, entre outros.[177]

Na sala de Trás-os-Montes, realça uma colecção de rocas mirandesas, a olaria preta de Vilar de Nantes (Chaves) e de Bizalhães (Vila Real) e a vermelha de Caçarelhos (Vimioso), Bemposta (Mogadouro), Pinela (Bragança) e Felgar (Moncorvo). Juntou-se ainda uma colecção de origem espanhola, de Moveiros e La Bañeza, de uso em Terras de Miranda. Também aqui havia peças de cestaria (um escrinho e uma escrinha de Vilar Seco (Vimioso) e do sector têxtil: "fiteiras" para espadelar, um tear de franjas de Urros e, especialmente raros, o sedeiro do linho e o "burro" de cardar lã, ambos mirandeses. Para além de tudo isto, existem na sala exemplares de ferro forjado de Sendim (Miranda) e de Mogadouro, imagens e figuras de granito

---

[176] *Idem*, p. 7.
[177] *Museu de Arte Popular, itinerário*, Lisboa, Edições SNI, s.d., pp. 10-11.

Aspecto expositivo da sala das Beiras.

Aspecto expositivo da sala da Estremadura/ Alentejo e Ilhas.

de Mesão Frio, instrumentos de música (gaita de foles, adufe losangolar, flautas pastoris e castanholas de vários tipos; o carro rural mirandês, "manequins envergando os mais estranhos trajos da província", tudo enquadrado por dois escanos de cozinha negros. Na galeria superior da sala, guardava-se uma colecção de objectos ligados ao fabrico do vinho.

A sala do Algarve era a mais pobre, "mas rica de sabor local e de cor". Aqui havia capachas de palma de Loulé e Portimão, jaezes de Loulé, mantas e alforges de Tavira e de Alcoutim e bolsinhas de Estombar. Também aqui está representada a olaria, de Lagoa e Loulé. Existiam também "doces feitos com figos, representando vários animais."

Na sala das Beiras agrupam-se três províncias e assim, juntam-se aqui diversos tipos de objectos, alguns comuns como "a loiça (que) vai desde a vidrada e muito decorativa de Soure até à de Fazemões, Resende, muito clara". Avultam ainda colecções de cestaria, com "poceiros" da Beira Litoral e exemplares de palha e silva, das aldeias serranas de Lamego, assim como ferro forjado da Beira Baixa e coleiras de puas de Alcains, para os cães de gado. Havia também um conjunto de instrumentos de música. Como "pouco vulgares e de especial interesse" o autor assinala "um coletinho de seda de ramagens, com abas e pestana do século XIX, procedente de S. Julião

de Cambra (Vouzela); três mantilhas da mesma procedência (...); a "capela" da "dança dos homens", de Lousa (Castelo Branco) e uma outra, semelhantes, da "dança das trancas" de Verdelhos (Covilhã), a assinalarem a existência de demonstrações coreográficas de estranho ritual, cujas origens estão ainda por estudar." Também a faina dos moliceiros de Aveiro está aqui representada através dos painéis de proa e de popa de um barco moliceiro e utensilagem completa de salinagem. Nas paredes, ampliações fotográficas ilustram os costumes da região.

Destaca-se ainda a reconstituição de uma habitação rural de Monsanto e, do outro lado, o interior de um quarto com uma cama do século XVIII.

A última sala, da Estremadura e Alentejo, era ocupada por peças de olaria escura de Beringel (Beja), colorida de Estremoz e "pedradas" de Nisa. Existia também uma colecção de cães de chaminé, de ferro batido de Évora, Estremoz e Vila Viçosa, exemplares estes extremamente raros. O autor salienta ainda "jaezes de Santa Eulália (Elvas), de cores garridas, chocalhos e campainhas das Alcáçovas, e pertences de pesca de Cascais, que deixam antever a possibilidade de uma larga recolha de elementos etnográficos ao longo de todo o litoral. Pequenas vitrines guardam rendas de Peniche e papéis recortados, para enfeitar doces, de Beja e de Elvas. (...) Ricos

Recriação de uma casa ribatejana na sala da Estremadura/ Alentejo e Ilhas.

exemplares da arte pastoril alentejana, com suas cornas, polvorinhos, azeiteiros, colheres e chavões de marcar bolos. Na reconstituição de uma cozinha do Alentejo, não falta a ampla chaminé com a "boneca", o tropeço de cortiça, os "burros" de azinho, a copeira, as bilhas de cobre e o armário interiormente pintado de vermelho, com as faianças, os estanhos e outros utensílios tradicionais."

Existia ainda nesta sala, "o esquema de uma cozinha de casa alentejana, com a tradicional boneca na chaminé, que serve de pretexto para expor material variado de alfaia doméstica e um curioso armário de fins do século XVIII. Material de queijaria e o tabuleiro das fogaceiras de Tomar."[178]

A zona da Nazaré está representada por uma série de ex-votos, reduções de barcos de pesca, imagens e registos de santos, para além do já referido fresco dedicado à Nª Srª da Nazaré da autoria de Paulo Ferreira. Ainda de salientar, uma colecção de "imagens de Santo António, de barro e de madeira policromados, de sabor popular."[179]

---

[178] *Museu de Arte Popular, itinerário*, Lisboa, Edições SNI, s.d., p. 26.
[179] *Museu de Arte Popular, itinerário*, Lisboa, Edições SNI, s.d., p. 28.

No fim do percurso, encontra-se uma "pequena colecção – ainda em formação, de resto – de exemplares da arte popular das Ilhas Adjacentes". De facto, no projecto do museu, havia uma sala destinada às Ilhas, mas que depois acabou por não ser concluída.

No que respeita à colecção do museu, aparece repetidamente uma critica sobre a sua origem. Por exemplo, num artigo publicado no *Mensário*, Alfredo Margarido tece algumas considerações sobre o museu de arte popular, considerando que há falta de autenticidade na maioria dos objectos expostos uma vez que eram "objectos especialmente fabricados para o Museu, o que lhes retira, desde logo, aquelas primaciais qualidades de objectos vivos, tendo ainda guardados no ferro, na madeira, no barro ou no tecido a marca do povo, aquele manuseio quotidiano que enche os objectos de uma magia estranha, pois o próprio tumultuar do povo se sente ali quando o objecto é vivo, tem a marca de um humano (...)."[180]

---

[180] Alfredo Margarido, "Arte popular: retrato de Portugal", *Mensário das Casas do Povo*, Ano XII, n°143, Lisboa, Junta Central das Casas do Povo, 1958, pp. 10-11.

5. Museus das Casas do Povo

Como constatámos ao longo destas páginas, o conceito de cultura popular foi muito caro ao regime, servindo como um factor de identidade e coesão nacional. Para além disso, os museus eram meios de veicular as ideias-base do regime. A arte popular foi utilizada com um meio de atingir o povo, para que este valorizasse e exaltasse a sua própria cultura e a entendesse como as *Belas-Artes Populares* e Portugal como *a grande árvore de Natal do velho mundo carregada de brinquedos divinos.*[181] Os brinquedos divinos não eram mais do que as aldeias, onde continuava a residir a arte popular.

António Ferro desenvolveu, como referimos, vários projectos com base na cultura popular: o verde-gaio, os jogos florais, o concurso da aldeia mais portuguesa de Portugal... Mas o mais amado de todos era o museu de arte popular, lar das artes dos portugueses transmitidas ao longo dos séculos, onde o conceito de raça, ligada ao historicismo e à memória, era bem vincado. Era o verdadeiro museu do povo português, que devia ser espalhado pelo País em pequenos museus etnográficos, repositórios das memórias locais que corriam o risco de desaparecer. Por este motivo vão surgir, em várias localidades, pequenos museus, que como não tinham um edifício próprio por ser mais oneroso, se situavam nas Casas do Povo.

O ruralismo era cultivado como identidade colectiva e elo de união do Povo enquanto o citadino era encarado como um factor de diminuição da identidade no ambiente cosmopolita. Por isso, era necessário dar um papel de relevo às realizações populares e, em especial, à arte popular.

---

[181] Francisco Lage, Luís Chaves e Paulo Ferreira, *Vida e Arte do Povo Português*, Lisboa, SPN Edição de Secção de Propaganda e Recepção da Comissão Nacional dos Centenários, 1940, p. 15.

Localmente esta "catequese" era levada a cabo por duas instituições extremamente importantes: a escola primária e as casas do povo. Se folhearmos os livros únicos da escola primária, encontramos constantes referências à vida bucólica e honrada do campo, havendo sempre uma exaltação da humildade e simplicidade do pastor ou do agricultor. Apresentamos, como exemplo, este poema do *Livro de leitura da 3ª Classe*:

> Portugal
> Minha terra, quem me dera
> Ser humilde lavrador,
> Ter o pão de cada dia,
> Ter a graça do Senhor!
> Cavar-te por minhas mãos.
> Com caridade e amor.
>
> Minha terra, quem me dera
> Ser um poeta afamado,
> Ter a sina de Camões,
> Andar em naus embarcado,
> Mostrar às outras nações
> Portugal alevantado.[182]

As Casas do Povo e as Casas dos Pescadores

As Casas do Povo, "organismos de cooperação social",[183] foram criadas pelo Decreto-Lei nº 23051, de 23 de Setembro de 1933, dentro do espírito social do corporativismo do Estado Novo. O corporativismo[184] tinha como

---

[182] Poema da autoria de António Correia de Oliveira, *Livro de Leitura da 3ª classe*, Lisboa, Ministério da Educação Nacional, s.d, p. 31.

[183] "Missão das Casas do Povo", *Mensário das Casas do Povo*, Ano V, nº 59, Lisboa, Junta Central das Casas do Povo, 1951, p. 13.

[184] À imagem do Estado corporativo italiano de Mussolini, onde também tinha sido criada uma política ruralista. "Sei o que fez a Itália, nos últimos trinta anos para apegar o povo das aldeias à terra, onde lhe deram também confortos que nunca haviam tido, conheço

valor principal a ordem e a estabilidade social e baseou-se nas corporações de artes e ofícios extintas em 1834. Em 1932, Salazar enuncia os princípios económicos da nova Constituição, aprovada em Março de 1933, que, no seu artigo 5º estabelecia que Portugal era uma "República unitária e corporativa."[185] Daqui derivou a criação do Subsecretariado de Estado das Corporações e Previdência Social. Sob sua alçada foi depois criado o "Instituto Nacional de Trabalho e Previdência (INTP), com o fim de assegurar a execução das leis de protecção ao trabalho e as demais de carácter social, integrando os trabalhadores e restantes elementos da produção na organização corporativa, prevista no Estatuto do Trabalho Nacional, em harmonia com o Estatuto de renovação política, económica e social da Nação Portuguesa."[186]

Todas as cerimónias das Casas do Povo seguiam regras rigorosas ditadas pelo subsecretário de Estado das Corporações e todas tinham os seus símbolos (emblema, bandeira e selo) que passavam igualmente pela sua aprovação. Por exemplo, na eleição de corpos dirigentes, os novos eleitos, depois de aprovados por despacho de governo, deviam recitar um juramento, de pé, perante a bandeira nacional e a bandeira corporativa:

> Juro, pela minha honra, cumprir sempre, bem e fielmente, com os deveres impostos por este cargo, e servir com toda a dedicação, os interesses do povo que me foi confiado. Juro também defender, com todas as forças da minha alma, os sagrados princípios de Deus, da Pátria e da Família. Declaro a minha absoluta fidelidade ao Governo da Nação, que comigo poderá sempre contar como dedicado servidor.[187]

---

como tudo se fez, para que o amor à terra fosse cada dia maior. O aproveitamento das horas de folga das populações rurais realizou milagres, deu-lhes larguíssimos proventos que permitiram às corporações redobrarem de actividade, e as próprias aldeias transformarem-se em recantos aprazíveis onde se ia, por gosto, verificar a ressurreição operada". Cf. Armando Xavier da Fonseca, "Os domingos nas Casas do Povo", *Mensário das Casas do Povo*, Ano I, n. 11, Lisboa, Junta Central das Casas do Povo, 1947, p. 10.

185 *30 Anos de Estado Novo, 1926-1956*, Lisboa, Organizações Império, 1957, p. 593.

186 *Idem*.

187 "Cerimonial das Casas do Povo", *Mensário das Casas do Povo*, Ano II, nº 15, Lisboa, Junta Central das Casas do Povo, 1947, p. 17.

Simbologia das Casas do Povo.

Gravura da "Aldeia Linda", protótipo do ideal comunitário aldeão com todas as infra-estruturas necessárias e com a Casa do Povo no Centro.

As Casas do Povo não se destinavam somente "a fazer o enquadramento do trabalho rural e a defender os interesses dos trabalhadores, mas devem constituir ainda o lar de todos os habitantes da freguesia, centro de atracção da comunidade rural renovada, e seu órgão propulsor, ao mesmo tempo, dos seus progressos materiais e morais."[188]

O corporativismo assentou assim num modelo, num sistema social, apoiado e influenciado pela doutrina cristã. Estes organismos pretendiam "realizar a defesa dos interesses dos seus inscritos, não através da luta de classes, mas com intuitos de conciliação e cooperação, (onde) o capital e o trabalho desempenham, bem como a propriedade, uma função social".[189] O capital e o trabalho deviam possuir organismos de representação separados, nos sectores industrial e comercial.[190]

Na agricultura as coisas não se passaram da mesma maneira. Nas casas do povo estavam inscritos tanto trabalhadores como patrões, estes últimos

---

[188] A. de Amorim Girão, "A Casa do Povo, núcleo de uma nova estrutura rural", *Mensário das Casas do Povo*, Ano I, n° 1, Lisboa, Junta Central das Casas do Povo, 1946, p. 7.

[189] *30 Anos de Estado Novo, 1926-1956*, Lisboa, Organizações Império, 1957, p. 597.

[190] "Casas do Povo", *Dicionário de História do Estado Novo*, Vol. I, Venda Nova, Bertrand Editora, 1996, pp. 132-133.

numa situação privilegiada. As casas do povo, criadas para os trabalhadores rurais, são inicialmente definidas na lei como instituições de "cooperação social", essencialmente dedicadas à previdência, à assistência médica, à instrução e ao fomento da cultura e dos "progressos locais".[191] Visavam, por um lado, "estimular o sentido social e favorecer a melhoria das condições de vida de um sector da população, sem dúvida, o menos protegido, e, por outro lado, fortalecer os laços de afectividade (...) e a preservar os traços particularistas e as reservas nacionais e espirituais do mundo rural." A sua multiplicação foi rápida e, por volta de 1956, existiam 584.[192] O distrito com maior número de Casas do Povo era Braga.[193] Paralelamente, em 1937, foram também criadas as Casas dos Pescadores, baseadas nos antigos "Compromissos Marítimos"[194], com os mesmos fins de representação profissional; educação

---

[191] "Casas do Povo", *Dicionário de História do Estado Novo*, Vol. I, Venda Nova, Bertrand Editora, 1996, pp. 132–133.

[192] *30 Anos de Estado Novo, 1926-1956*, Lisboa, Organizações Império, 1957, p. 602.

[193] "Quadro de honra. Casas do Povo de Ronfe", *Mensário das Casas do Povo*, Ano IX, nº 99, Lisboa, Junta Central das Casas do Povo, 1954, p. 10.

[194] Jerónimo de Castro Osório e Francisco de Assunção Roxo, *A estrutura das Casas dos Pescadores e a Representação Profissional*, Lisboa, Junta Central das Casas do Povo, I Colóquio Nacional da Organização Corporativa e da Previdência Social, 1961, p. 5.

e instrução, e previdência e assistência, onde estavam representados os "inscritos marítimos"[195]. Em 1938, inauguraram-se as três primeiras: Aveiro, Buarcos e Nazaré[196] e, no início da década de 60 existiam vinte e oito Casas dos Pescadores, com cerca de 55 000 associados.[197]

As Casas dos Pescadores faziam parte do "movimento de renovação" do Estado corporativo que, ao mesmo tempo que defendia "o retorno às tradições nacionais", tinha como meta uma "ânsia de progresso", ressurgindo "assim, naturalmente, o interesse pelas classes que vivem do mar ou nele afirmam a perenidade do natural destino de um povo de marinheiros."[198] Para além da representação profissional, eram ainda assinalados os seguintes objectivos: educação e instrução, ensino elementar aos adultos e crianças, rudimentos

---

[195] *30 Anos de Estado Novo, 1926-1956*, Lisboa, Organizações Império, 1957, p. 597.

[196] "Casas dos Pescadores", *Dicionário de História do Estado Novo*, Vol. I, Venda Nova, Bertrand Editora, 1996, p. 133.

[197] Jerónimo de Castro Osório e Francisco de Assunção Roxo, *A estrutura das Casas dos Pescadores e a Representação Profissional*, Lisboa, Junta Central das Casas do Povo, I Colóquio Nacional da Organização Corporativa e da Previdência Social, 1961, p. 9.

[198] Jerónimo de Castro Osório e Francisco de Assunção Roxo, *A estrutura das Casas dos Pescadores e a Representação Profissional*, Lisboa, Junta Central das Casas do Povo, I Colóquio Nacional da Organização Corporativa e da Previdência Social, 1961, p. 6.

Gravura pedagógica do Museu das Casas do Povo a apelar à adesão às Casas do Povo.

de instrução profissional, desportos, diversões e cinema educativo, previdência e assistência, concessão de subsídios ou pensões, fundação de obras de protecção e auxílio nos casos de parto, doença, inabilidade, doença ou morte, perda de embarcações ou apetrechos de pesca, distribuição de roupas e alimentos em caso de crises ou invernias. Por seu lado, os sócios tinham o "dever de conservar e acarinhar todos os usos e tradições locais, especialmente os de natureza espiritual ligados à formação de sentimentos e virtudes de gente do mar."[199] Também era prestada aos pescadores a assistência moral e religiosa e, no que diz respeito ao ensino, foram constituídas as "escolas rudimentares (9) e elementares de pesca (5), que se mantêm e desenvolvem em diversos pontos do Litoral do Continente e Ilhas Adjacentes, sem esquecer a Escola Profissional de Pesca, em Lisboa, que prepara, por ano, para as pescas do bacalhau e arrasto, cerca de 200 alunos-pescadores." Para as filhas dos pescadores foram criadas cerca de 30 Casas de Trabalhos Manuais e de Ensino Doméstico, com uma frequência

---

[199] *Idem*, p. 7.

**Casas do Povo
Assistência –
– Previdência**

Gravura alusiva à assistência prestada pelas Casas do Povo.

anual de 600 alunas, onde, a par de uma sólida formação moral, se preparam futuras esposas e mães."[200]

As Casas dos Pescadores foram feitas à imagem das Casas do Povo que tinham os seguintes objectivos:[201]

a) Previdência e assistência – Obras tendentes a assegurar aos sócios protecção e auxílio nos casos de doença, desemprego, inabilidade e velhice.

b) Instrução – Ensino aos adultos e às crianças, desportos, diversões e cinema educativo;

c) Progressos Locais – Cooperação nas obras de utilidade comum, comunicações, serviço de águas, higiene pública.

São conhecidos os objectivos, de cooperação social e educação a que se propunham estas instituições. Na Casa do Povo de Mafra, por exemplo, estava proposto "um curso nocturno para adultos, uma aula nocturna de desenho para os artistas regionais, uma biblioteca profissional e moralmente bem apetrechada, uma ampla sala para realização de sessões de leitura,

---

[200] Jerónimo de Castro Osório e Francisco de Assunção Roxo, *A estrutura das Casas dos Pescadores e a Representação Profissional*, Lisboa, Junta Central das Casas do Povo, I Colóquio Nacional da Organização Corporativa e da Previdência Social, 1961, p. 11.

[201] Cf. Art.º 4º do Decreto–Lei n.º 23.051 de 23 de Setembro de 1933.

uma sala de jogos campestre, um rancho folclórico e um infantário, (...) tais iniciativas são indispensáveis para a elevação do nível intelectual, moral e social dos trabalhadores."[202]

A partir de 1946, passa a ser editado mensalmente um periódico, o *Mensário das Casas do Povo*, cujos artigos versavam sobre o papel da mulher, a defesa do ruralismo, a etnografia, a história de Portugal, a religião, tudo temas escolhidos e bem pensados pela Junta Central das Casas do Povo. Na contra-capa do periódico vinha sempre a indicação de que "O *Mensário* deve ser lido em voz alta nas Casas do Povo."

Numa primeira fase, as Casas do Povo podiam também criar escolas, mas com a extensão do Ensino Primário a todas as freguesias rurais, passaram a ter uma função complementar, ministrando cursos de formação "adequada ao modo de viver nos meios rurais"[203], distribuídos por sexos. Ao sexo feminino eram atribuídos cursos ligados ao mundo doméstico e maternal, chamados "Cursos de Formação Familiar". A "Obra das Mães pela Educação

---

[202] M.T., "Quadro de honra. Casas do Povo de Mafra", *Mensário das Casas do Povo*, Ano III, nº 34, Lisboa, Junta Central das Casas do Povo, 1949, p. 10.

[203] "Casas do Povo: princípios, factos e números", *Mensário das Casas do Povo*, Ano XX, n. 239, Lisboa, Junta Central das Casas do Povo, 1966, p. 8.

Casas do Povo
Recreio ~
~ Desporto

cinema

excursões

rádio

bilhar

Gravura alusiva às actividades de lazer praticadas nas Casas do Povo.

Nacional (O.M.E.N.)" dava os seus frutos. Exemplificando, no ano de 1949, nas Casas do Povo de Tadim, Palmeira, Vila Verde, Pedralva e Parada de Tibães, "cinco centros rurais, superiormente dirigidos por duas educadoras familiares" da O.M.E.N. e por uma da Junta Central das Casas do Povo, estavam em funcionamento dois cursos de preparação feminina: "Curso de Ensino Familiar e Doméstico" e "Curso de Artesanato Feminino."[204] Aos homens, estavam reservados cursos de aperfeiçoamento do trabalho agrícola e no trabalho artesanal.[205]

Em relação às "finalidades culturais, recreativas e desportivas, as Casas do Povo, funcionam como Centros de Recreio Popular."[206] Dentro destas actividades estavam as sessões de leitura para a educação dos associados, as bibliotecas, os ranchos folclóricos, o grupo cénico[207], grupo desportivo

---

[204] Centros Rurais nas Casas do Povo", *Mensário das Casas do Povo*, Ano III, n. 34, Lisboa, Junta Central das Casas do Povo, 1949, p. 12-13.

[205] "Casas do Povo: princípios, factos e números", *Mensário das Casas do Povo*, Ano XX, n. 239, Lisboa, Junta Central das Casas do Povo, 1966, p. 8.

[206] Maria Eugénia Torres Pereira e Carlos Alberto Dominguez Calado, *Casas do Povo, legislação coordenada e anotada/ Despachos normativos, Modelos e exemplos*, Lisboa, Editorial Império Limitada, 1960, p. 349.

[207] O grupo de teatro era considerado ao mesmo nível do museu rural e dos cursos de

 *pingue-pongue*
 *xadrez*
 *ginástica*

 *futebol*
 *jogo de pau*
 *chinquilho*

ou o museu etnográfico. Nas *Normas Gerais para a Organização de Bibliotecas*, é sugerida a aquisição de vários livros e periódicos, destacam-se aqui os que dizem respeito às "Sociedades, Museus, Colectividades em geral" e à "Etnografia, Costumes, Folclore. (...) Todos os livros referentes à Organização Corporativa (...) e todas as publicações do Instituto Nacional do Trabalho e Previdência; Secretariado Nacional de Informação; Fundação Nacional para a Alegria no Trabalho."[208]

Também era considerado o problema do artesanato e das pequenas indústrias domésticas, em risco de desaparecimento devido à indústria e à produção em série. Por este motivo, em discurso pronunciado a 22 de Fevereiro de 1947, o sub-secretário de Estado das Corporações, Castro Fernandes, declarava que as Casas do Povo podiam "efectuar empréstimos

---

artesanato ao nível da "aproximação cada vez mais efectiva dos caminhos saudáveis da tradição, em bases folclóricas e etnográficas." Cf. "Teatro do Povo", *Mensário das Casas do Povo*, Ano II, nº 30, Lisboa, Junta Central das Casas do Povo, 1948, pp. 12-13.

[208] *Idem*, pp. 358-360. Salientavam-se como obras de referência: *Etnografia Portuguesa* de José Leite de Vasconcelos; *Vida e Arte do Povo Português* do SNI; *Biblioteca etnográfica e histórica portuguesa*; *Biblioteca Popular*; *Colecção Folclore e Pedagogia* e *Estudos Nacionais sob a égide do Instituto de Coimbra*. Informação adicional em termos de constituição de bibliotecas e organização de sessões de leitura pode ser encontrada no *Mensário das Casas do Povo*, nos artigos "O que se deve ler nas Casas do Povo."

Gravura de defesa dos produtos nacionais contra os estrangeirismos.

aos seus sócios para a exploração agrícola ou de pequenas indústrias de carácter doméstico, como a fiação, tecelagem de linho e lã, criação do bicho-da-seda, cerâmica, mobiliário, objectos de uso doméstico, brinquedos, ovicultura, tapetes, bordados, rendas e quaisquer outras que se encontrem nas mesmas condições de exploração económica." Isto porque "a decadência das pequenas indústrias têm por resultado a diminuição da variedade e da riqueza artística do país, uniformização monótona e monocroma do gosto do público. A desnacionalização completa: primeiro pela influência, depois pelo predomínio dos padrões estrangeiros."[209]

A Casa do Povo era considerada como o reduto dos princípios fundamentais do Estado, entre os quais se destacava a família.[210] Como a própria aldeia constituía uma grande família, "unidos por um sem número de

---

[209] Manuel da Feira, "As Casas do Povo e o Problema do artesanato", *Mensário das Casas do Povo*, Ano I, n. 7, Lisboa, Junta Central das Casas do Povo, 1947, p. 15.

[210] "No salão, ainda segundo as directrizes da Junta Central, foi entronizado o quadro da Sagrada Família, símbolo eterno." Cf. "Quadro de honra, Casa do Povo de Santa Marinha do Zézere", *Mensário das Casas do Povo*, Ano II, n. 31, Lisboa, Junta Central das Casas do Povo, 1949, pp. 10-11.

tradições e de interesses comuns,"²¹¹ a Casa do Povo instituía-se como o local de encontro da comunidade, ponto de lazer, instrução e assistência.

No dizer de Eurico Serra²¹², numa tese apresentada ao II Congresso da União Nacional, "a organização corporativa portuguesa abrange todos os sectores da actividade nacional – tanto os económicos e sociais como os culturais e morais (...) a substância da doutrina não resulta de processos meramente teóricos ou de formação artificial, mas deriva de princípios éticos, caldeados pela história, pelas tradições e pelas características próprias do meio".²¹³ Assim, a política corporativa do regime ultrapassava em larga escala o sector económico, interferindo em domínios como o social, moral ou cultural, tendo sempre como fio condutor a história e a tradição.

---

²¹¹ Jorge Botelho Moniz, "A defesa da família através da Casa do Povo", *Mensário das Casas do Povo*, Ano I, n. 8, Lisboa, Junta Central das Casas do Povo, 1947, p. 17.

²¹² Eurico Serra foi advogado vogal da Comissão Jurisdicional dos Bens Culturais; adjunto do Director da Polícia de Investigação Criminal de 1934 a 1939. Fez parte do Ministério da Justiça e exerceu várias outras funções e cargos. Ver *Grande Enciclopédia Portuguesa e Brasileira*, Volume XXVIII, Lisboa, Editorial Enciclopédia, 1960, p. 463.

²¹³ Serra, Eurico, *Objectivos Extra- Económicos do Corporativismo Português,* Lisboa, Escola Tipográfica do Reformatório Central de Lisboa Padre António de Oliveira, 1944, ps. 5-6.

Novamente nos surge um texto sobre o corporativismo no *Livro de Leitura da 3ª Classe*, pelo que podemos perceber que era um assunto a que era dada muita importância e que era transmitido desde muito cedo. Transcrevemos, em seguida, uma parte desse texto:

> O Estado Novo procura restituir ao País a força e a grandeza a que o nosso passado glorioso de oito séculos tem direito. Para conseguir semelhante fim, procura inspirar-se nas instituições tradicionais portuguesas.
>
> O corporativismo pertence a esta categoria. Não constitui uma novidade (...). Já existiu noutros tempos. (...)
>
> As corporações defendem igualmente os interesses dos operários, dos patrões e dos consumidores. Procuram evitar os conflitos entre o capital e o trabalho; procuram estabelecer a harmonia entre o operário e o patrão. (...) Ao ódio das classes procura substituir uma fraternidade cristã, baseada na colaboração mútua do operário e do patrão.[214]

Em 1966, ao celebrar 20 anos de existência, o *Mensário das Casas do Povo*, editou um artigo de balanço da actividade destas instituições, com o título, "Princípios, factos e números". Começa por assinalar as efemérides[215], relatando todo o historial destas instituições. Faz também a análise ao

---

[214] "O Estado Novo e o Corporativismo", *Livro de leitura para a 3ª classe do Ensino Primário Elementar*, Porto, Editora Educação Nacional de Adolfo Machado, s.d., pp. 125-127.

[215] 1933 (23 de Setembro) – Autorizada a criação das Casas do Povo.
1933 (14 de Dezembro) – Criada a primeira Casa do Povo.
1938 (18 de Julho) – Atribuídas às Casas do Povo funções de representação profissional. Criado o Fundo Comum das Casas do Povo.
1940 (29 de Agosto) – Reorganizadas as Casas do Povo. Estabelecidos os seus Fundos de Previdência.
1942 (21 de Agosto) – Aprovado o regulamento dos Serviços de Invalidez.
1945 (10 de Janeiro) – Criada a Junta Central das Casas do Povo.
1946 (Julho) – Sai o nº 1 do "Mensário das Casas do Povo".
1955 (1 de Maio) – Estabelecido o princípio de que o F.N.A.T. pode ser chamado a contribuir para melhorar a assistência às famílias dos sócios efectivos das Casas do Povo.
1957 (23 de Setembro) – Permitido o agrupamento das Casas do Povo em federações.
1957 (23 de Setembro) – Instituída a Corporação da Lavoura.
1958 (9 de Abril) – Regulada a concessão de empréstimos para a construção de casas destinadas a trabalhadores rurais.
1962 (12 de Novembro) – Fixado o esquema mínimo de benefícios de previdência e assistência a conceder pelas Casas do Povo.

número de sócios (efectivos e contribuintes) e ao número de Casas do Povo em actividade (646). Como funções principais destaca a representação profissional dos trabalhadores agrícolas, a acção médico-social, a protecção à família e a assistência materno-infantil, as habitações económicas, as actividades culturais e desportivas.

A Casa do Povo nasce dentro desta lógica por vontade estatal e sob a sua constante vigilância. O nacionalismo surge como o sustentáculo da ideologia salazarista, utilizando na base, não uma intervenção da sociedade civil nos destinos da vida pública, mas uma organização social e corporativa.

A parte cultural destas instituições era muito valorizada por ser um instrumento de inculcação ideológica, onde os museus desempenhavam a função de representar materialmente o próprio povo e o quotidiano da localidade.

As sedes tipo

A arquitectura teve também um papel determinante na difusão dos ideais salazaristas. A arquitectura do fascismo em Portugal caracteriza-se por uma sobreposição de linhas de duas categorias: "a monumentalidade retórica (...) com recurso a vocabulário neoclássico" e à "incorporação dos elementos da arquitectura regional, deturpada e elevada à categoria de nacional."[216]

Desde o início do modernismo, houve uma contestação da opinião pública, que olhava as obras "modernas" com desconfiança, o que depois se alastrou ao próprio Estado. Um dos maiores opositores desta corrente designada por "internacionalismo" e que os mais conservadores confundiam com o comunismo, foi o arquitecto Raul Lino, que defendia uma corrente

---

1964 (27 de Maio) – Nomeada a Comissão de Política Social Rural. Cf. "Casas do Povo: princípios, factos e números", *Mensário das Casas do Povo*, Ano XX, n. 239, Lisboa, Junta Central das Casas do Povo, 1966, p. 13.

[216] Ideia defendida pelos arquitectos Nuno Teotónio Pereira, e José Manuel Fernandes no artigo "A arquitectura do fascismo em Portugal", *Arquitectura*, nº 142 (4ª série), ano III, Julho de 1981, Lisboa, Casa Viva Editora, 1981, p. 38.

regionalista.²¹⁷ Não nos espanta por isso, que apareça como autor dos artigos do *Mensário*, descrevendo o aspecto que deveriam ter as Casas do Povo.

Numa primeira fase, os arquitectos participaram activamente na elaboração dos modelos de que o Estado necessitava e só a partir de 1948, com o Congresso Nacional de Arquitectura, começou a haver contestação por parte destes profissionais em relação à regularização da arquitectura e à censura da criatividade e originalidade.²¹⁸

Neste contexto, a arquitectura do regime pode ser dividida em várias fases, correspondendo aos anos de 1938 a 1943, uma fase de definição e aperfeiçoamento dos modelos, influenciados pela Política do Espírito de António Ferro, pela arquitectura efémera das Comemorações e pelo culto dos valores regionalistas.²¹⁹ Estes modelos vão agrupar-se por sectores

---

²¹⁷ Nuno Rosmaninho, *O Poder da Arte. O Estado Novo e a Cidade Universitária de Coimbra*, Imprensa da Universidade, 2006, p. 47.

²¹⁸ Nuno Teotónio Pereira, e José Manuel Fernandes no artigo "A arquitectura do fascismo em Portugal", *Arquitectura*, n° 142 (4ª série), ano III, Julho de 1981, Lisboa, Casa Viva Editora, 1981, p. 40.

²¹⁹ Nuno Teotónio Pereira, e José Manuel Fernandes no artigo "A arquitectura do fascismo em Portugal", *Arquitectura*, n° 142 (4ª série), ano III, Julho de 1981, Lisboa, Casa Viva Editora, 1981, p. 43. Os autores dividem a arquitectura deste período em três fases: de 1926 a 1931, período de certa indiferença perante as características formais da arquitectura; de 1932 a

Fachada da Casa do Povo de Condeixa. Aspecto actual.

Os dois projectos-tipo defendidos por Raul Lino para as sedes das Casas do Povo. A arquitectura deveria reflectir as características da arquitectura popular da região em causa.

a construir em todo o País, desde escolas dos centenários, edifícios para os CTT, bairros económicos, liceus, pousadas, cadeias, etc. Não há um modelo único, mas variantes regionais.

Dentro destes modelos vai haver ainda uma distinção em cinco categorias[220], interessando-nos referir o modelo "nacionalista, de feição regional, utilizado nos bairros sociais, escolas primárias, CTT, nas juntas de freguesia ou nos postos de turismo e onde podemos incluir as Casas do Povo, pois obedeciam a modelos estandardizados, adaptados regionalmente.

Assim, a normalização do pensamento reflectia-se na normalização da arquitectura. Por isso, não é de estranhar que apareçam projectos-tipo, adaptados às diferentes zonas do país. Numa série de artigos publicados

---

1937, período de intensificação das obras públicas e da acção de Duarte Pacheco e de 1938 a 1943, de definição de modelos.

[220] No artigo citado, os autores distinguem cinco modelos: nacionalista, de raiz historicista (liceus); nacionalista, de feição regional (escolas primárias, pousadas...); monumentalista (universidades e palácios da justiça); um outro específico para a arquitectura religiosa e, finalmente, um compósito, aplicado nas situações de carácter mais utilitário.

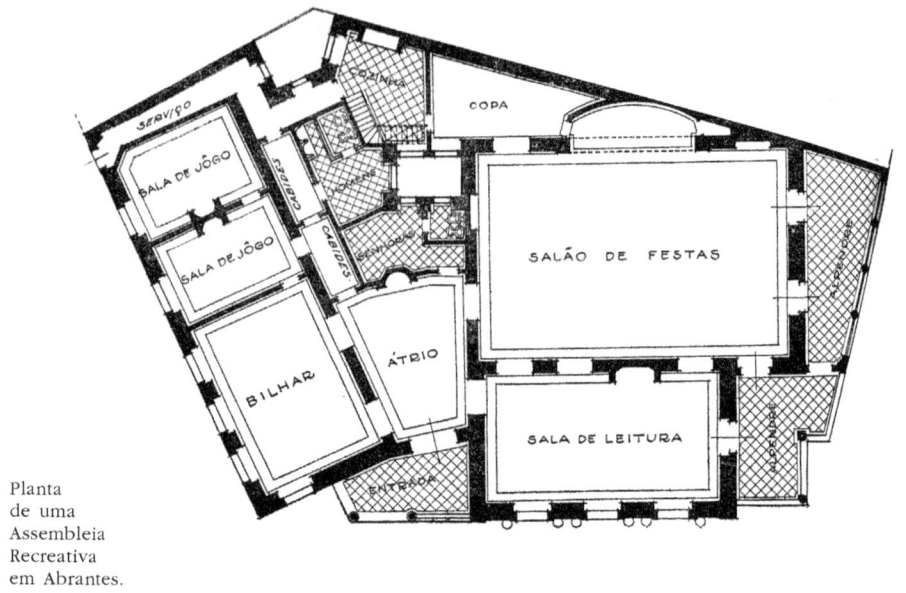

Planta de uma Assembleia Recreativa em Abrantes.

no *Mensário*, o arquitecto Raul Lino[221] escreve sobre o "aspecto" que estes edifícios deveriam ter.

Começa por fazer uma análise à paisagem portuguesa, avaliando "a falta de naturalidade nas obras" que não se integram na paisagem, resultado de descuido ou de pretensão. A imitação de "arquitecturas de duvidoso valor ou (...) coisas estrangeiras," é o principal problema, acompanhado pela ideia de que o mais importante é a "ornamentação, enfeites, arrebiques ou disposições amaneiradas."[222]

> É a perda de toda a naturalidade nas construções simples, de carácter popular, que nos dificulta agora o curativo para as nossas moléstias,

---

[221] Raul Lino da Silva (Lisboa, 1879-1974) Raul Lino fez os seus estudos de arquitectura em Inglaterra e na Alemanha, onde trabalhou no atelier de A. Haupt. De regresso a Portugal, projectou mais de 700 obras, tais como a Casa dos Patudos, para José Relvas (1904), a Casa do Cipreste, em Sintra (1912), o cinema Tivoli (1925), o Pavilhão do Brasil na Exposição do Mundo Português (1940). Foi ainda autor de numerosos textos teóricos sobre a problemática da arquitectura doméstica popular, como A Casa Portuguesa (1929), Casas Portuguesas (1933) e L'Évolution de l'Architecture Domestique au Portugal (1937). Para esclarecimentos adicionais vide Raul Lino, 1879-1974, Editorial Blau, 2003 (catálogo).

[222] Raul Lino, "Que aspecto havemos de dar às Casas do Povo?", *Mensário das Casas do Povo*, Ano I, n. 8, Lisboa, Junta Central das Casas do Povo, 1947, p. 10.

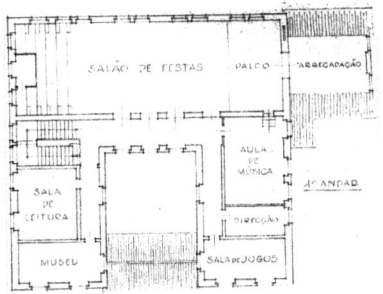

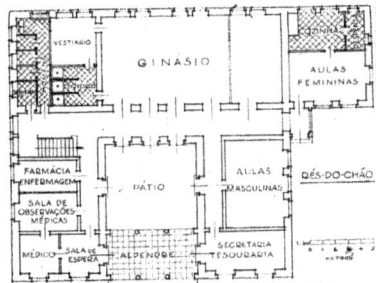

Planta ideal de uma Casa do Povo.

para a enfermidade de que sofre o nosso sentimento visual. Quando nas aldeias e pequenas vilas se construía despreocupadamente, com naturalidade, as casas saíam sempre bem; porque se usavam os processos tradicionais, não havia o desespero de querer dar na vista, ser-se original, imitar arquitecturas de afectação.[223]

Por razões económicas, criaram-se apenas dois projectos, um para a zona Norte (Minho, Douro, Trás-os-Montes e Beiras) e outro para a zona Sul (Estremadura, Alentejo e Algarve). Este facto gerou alguma controvérsia, pela falta de adaptabilidade dos edifícios às diferentes aldeias e vilas, pelo geometrismo das suas linhas e pela falta de espaço dos edifícios.[224]

Apesar da falta de consenso sobre este assunto, Raul Lino continua a descrever, através dos seus artigos, as suas ideias para estes projectos. No que respeita à tipologia da zona Norte (de Coimbra para Norte), o arquitecto descreve a planta:

---

[223] Raul Lino, "Que aspecto havemos de dar às Casas do Povo?", *Mensário das Casas do Povo*, Ano I, n. 8, Lisboa, Junta Central das Casas do Povo, 1947, p. 10.

[224] Manuel Cunha Vieira, "As sedes das Casas do Povo", *Mensário das Casas do Povo*, Ano I, n. 9, Lisboa, Junta Central das Casas do Povo, 1947, p. 13.

Trata-se de uma sede das maiores, que incluísse ginásio e cantina, no rés-do-chão, e grandes salões para reunião e ensaios no primeiro andar. Além destas divisões, teríamos ainda em baixo: secretaria e tesouraria (à frente), aula, dispensário médico, anexos da cantina e instalações sanitárias. Em cima, a par dos mencionados salões, biblioteca, gabinete de reunião da Direcção e salas para jogos desportivos.

Imaginamos uma edificação distribuída por três alas formando U, em que o centro é ocupado por pátio descoberto. As extremidades das alas laterais são ligadas por uma alpendrada, e na ala do fundo encontrar-se-ia o ginásio, no rés-do-chão, e o grande salão de reuniões, no primeiro andar.[225]

Raul Lino defende acima de tudo um edifício sóbrio que não choque com o envolvente, sem exageros decorativos. Compara a Casa do Povo a um projecto para uma assembleia recreativa em Abrantes, que tinha um programa semelhante ao de uma Casa do Povo: sala de festas, sala de leitura, sala de bilhar, duas salas para jogos de vasa, serviços de pequena cozinha e instalações sanitárias para ambos os sexos.[226]

Havia também a sugestão de adquirir velhos solares abandonados e transformá-los em sedes, aproveitando o corpo principal para instalar a secretaria, o consultório médico, a sala de leitura ou biblioteca, o museu, a sala de direcção, a sala de aulas masculinas ou até a sala de trabalhos femininos. O ginásio, o salão de festas, a cantina, as instalações sanitárias, podiam ficar em pavilhão anexo.[227]

Raul Lino faz também referência à utilidade em padronizar o interior das sedes com "um tanto de História, tanto de etnografia e de sociologia, tanto de regionalismo e de folclore, e mais um pouco de ornamentação" de modo a que o resultado final seja um conjunto perfeito de coesão e harmonia.[228]

---

[225] Raul Lino, "Que aspecto havemos de dar às Casas do Povo?", *Mensário das Casas do Povo*, Ano I, n. 10, Lisboa, Junta Central das Casas do Povo, 1947, p. 11.

[226] Raul Lino, "Que aspecto havemos de dar às Casas do Povo?", *Mensário das Casas do Povo*, Ano I, n. 12, Lisboa, Junta Central das Casas do Povo, 1947, pp. 10-11.

[227] M.C.V., "As sedes e seu mobiliário", *Mensário das Casas do Povo*, Ano II, nº 14, Lisboa, Junta Central das Casas do Povo, 1947, pp. 12-13.

[228] Raul Lino, "Que aspecto havemos de dar às Casas do Povo?", *Mensário das Casas do Povo*, Ano II, n 18, Lisboa, Junta Central das Casas do Povo, 1947, pp. 13-14.

A interferência na vida social e cultural reflecte-se nas dependências que uma Casa do Povo deveria possuir. Através de uma planta do arquitecto Raul Lino podemos contar as seguintes divisões: sala de leitura, aula de música, salão de festas com respectivo palco, sala da direcção, sala de jogos e museu no primeiro andar. No segundo andar, encontra-se o ginásio, onde estão separadas as aulas femininas das masculinas e o Posto Médico. Este seria o projecto base "onde podem introduzir-se inúmeras modificações sem que a disposição geral fique desvirtuada".[229]

Museus das Casas do Povo

Ao lermos os discursos políticos da época, ficamos com a certeza de que os pequenos museus das Casas do Povo tinham objectivos muito precisos, como é o caso do discurso proferido no acto de posse da Junta Central das Casas do Povo, em 1947 por Castro Fernandes, subsecretário de Estado das Corporações e da Previdência social, dizia ele que

> As Casas do Povo hão-de ter por fim defender a genuinidade do povo português contra as influências cosmopolitas e, portanto, desnacionalizadoras. Compete-lhes recolher em museus e reproduzir no mobiliário, no vestuário e nos instrumentos de trabalho as formas a que os nossos olhos foram habituados. Pela fixação de ritmos tradicionais, os agrupamentos folclóricos que elas criarem contribuirão, também, para não deixar perder, no nosso consciente e no nosso subconsciente, as características mais vincadas da Grei.[230]

---

[229] Raul Lino, "Apontamentos sobre a planta para uma Casa do Povo", *Mensário das Casas do Povo*, Ano II, nº 14, Lisboa, Junta Central das Casas do Povo, 1947, p. 11.

[230] Discurso pronunciado em 1947 (Enfrentando o Destino das Casas do povo) publicado em "A Etnografia e as Casas do Povo", *Mensário das Casas do Povo*, Ano XXI, nº 248, Lisboa, Junta Central das Casas do Povo, 1967, p. 11.

Gravura de defesa dos produtos nacionais.

Gravura alusiva à vida diária nas Casas do Povo, onde se destaca a visita guiada ao Museu.

Os principais objectivos eram então a defesa da arte popular contra os estrangeirismos "desnacionalizadores", e portanto poderosa arma nacionalista. A arte popular correspondia ao carácter humilde e trabalhador do povo português que não se deveria perder.

Como vimos anteriormente, a principal missão da Casa do Povo era defender a cultura de cada região que representava, porque "cada povo tem um clima próprio, onde se criaram, desenvolveram e mantêm as suas tradições." Para alcançar este objectivo, nada melhor que criar bibliotecas, museus etnográficos, cursos nocturnos ou sessões de leitura. "Nos arquivos folclóricos e museus etnográficos devem recolher-se as relíquias sagradas do passado – para que de tempos a tempos o povo mergulhe no clima nacional e respire a atmosfera própria, característica da Nação." Para motivar a população, a Casa do Povo devia organizar concursos, exposições, prémios e congressos regionais.[231]

O facto de existirem Casas do Povo em todos os "recantos da terra portuguesa" faz com que elas possam "votar-se a esta obra de reintegração

---

[231] "Missão das Casas do Povo", *Mensário das Casas do Povo*, Ano V, nº 59, Lisboa, Junta Central das Casas do Povo, 1951, p. 13.

da vocação artística da gente rural" e assim possuir o seu Museu Rural, cujo contributo é mais substancial que a acção de previdência e assistência.[232]

Na opinião, sempre muito considerada, de Sebastião Pessanha[233], as Casas do Povo "em contacto directo com o povo, ao qual pertencem, dirigidas por homens do povo e erigidas para o povo que as frequenta e que delas colhe os seus benefícios morais e materiais, (...) dispõem efectivamente de condições especiais e facilidades sem par para evitar a perda (...) de valores"[234]. Por este motivo devem ser as Casas do Povo as guardiãs do património etnográfico local.

Para este estudioso a "Etnografia é a ciência que estuda a vida do povo em todos os seus aspectos; a habitação, o seu agrupamento e os materiais utilizados na sua construção; o vestuário e o calçado; o trabalho da terra, nas práticas peculiares a cada cultura, e as suas alfaias; as artes e os ofícios;

---

[232] Bento Caldas, "As Casas do Povo e o Artesanato", *Mensário das Casas do Povo*, Ano XIX, n. 217, Lisboa, Junta Central das Casas do Povo, 1964, p. 9.

[233] Etnógrafo e crítico de arte. Foi Director do Museu Municipal de Sintra em 1950. Ver *Grande Enciclopédia Portuguesa e Brasileira*, Volume XXI, Lisboa, Rio de Janeiro, Editorial Enciclopédia, 1960, p. 473.

[234] Pessanha, Sebastião, *Os Museus Etnográficos e as Casas do Povo*, Terra Lusa, nº 1, Outubro 1951, pp. 26-31.

as indústrias caseiras e os seus pertences; a pesca e a caça; os costumes religiosos e as superstições; os romances, as canções e a música".

A arte popular vacilava perante a invasão de produtos estrangeiros, "modernizados, abonitados," e era contra estas "perversões que as Casas do Povo devem lutar, ardorosamente, por intermédio dos seus pequenos Museus Etnográficos, onde só figura o que é português e o que é tradicional da região."[235]

É claro que, dentro dos assuntos etnográficos, havia um vasto leque de assuntos a explorar. Segundo Fernando de Castro Pires de Lima, era necessário valorizar os seguintes aspectos da cultura do povo: o conto popular, que se conservava à custa da história oral, a quadra popular, a cantiga portuguesa, considerada a "canção nacional e não o fado, decadente e reles, sem raízes tradicionais", a dança e a música, pois não há quem "não fique emocionado ao ver dançar o vira ou o malhão (pois) é uma autêntica sinfonia de cor, de movimento e ritmo, (onde) tudo é admirável: o trajo, a música, a letra e o bailado." Para além destes aspectos, deviam ser igualmente tratados os temas das práticas religiosas e superstições, a linguagem popular, a vida quotidiana, os jogos e actividades de lazer, a medicina popular e, por último, o teatro e a arte.[236]

Luís Chaves apercebe-se igualmente deste factor de aproximação das Casas do Povo e da sua importância ao nível do inventário da cultura popular e pede a sua colaboração para o "levantamento folclórico de Portugal", com a finalidade de realizar "o mais completo Cancioneiro Popular." Começa pela cantiga popular, pedindo a todos os sócios que escrevessem as quadras típicas das suas terras, de modo a elaborarem em cada Casa do Povo, um "arquivo poético."[237]

A recolha etnográfica documentada era muito valorizada, de tal modo que o gabinete de etnografia da Fundação Nacional para a Alegria no

---

[235] "Quadro de Honra, Casa do Povo de Cristelo", *Mensário das Casas do Povo*, Ano V, n. 49, Lisboa, Junta Central das Casas do Povo, 1950, p. 10.

[236] Fernando de Castro Lima, "Epítome dos Estudos Etnográficos em Portugal", *Mensário das Casas do Povo*, Ano I, n. 10, Lisboa, Junta Central das Casas do Povo, 1947, p. 17.

[237] Luís Chaves, "Assuntos de Folclore, Coisas e Loisas", *Mensário das Casas do Povo*, Ano I, n. 1, Lisboa, Junta Central das Casas do Povo, 1948, pp. 10-11.

Trabalho faz publicar no seu *Boletim* e no *Mensário* um questionário-tipo que seria usado por todas as Casas do Povo.

Para informação deste gabinete de molde a permitir-lhe o bom aproveitamento da etnografia e do folclore como elementos de educação, coesão social, espiritualidade e alegria no trabalho, solicito de V.ª Ex.ª o favor de remeter a esta fundação, o presente questionário respondido o mais pormenorizadamente possível.

A) 1- Há nessa localidade ou na região alguma indústria caseira?

2- Há alguma manifestação de arte popular?

3-Alguém se interessou já por elas? No caso afirmativo, quem, quando e de que maneira?

4- Existe nessa Casa do Povo, ou na região, algum museu, mostruário ou colecção em que figurem essas indústrias ou essas artes?

B) 1 – Há nessa localidade trajos ou móveis tradicionais? Poderá descrevê-los?

2- Há alguma especialidade de comidas ou doçarias na região? Quais?

3- Há alguma tradição de ornamentar os instrumentos de trabalho? Como?

4- Há festas ligadas ao trabalho, ou cortejos tradicionais?

5- Têm-se realizado ultimamente algumas dessas festas e cortejos? Quem se tem interessado por elas?

C) 1 – Há nessa localidade algum grupo cénico ou folclórico? Como se chama? Quem o dirige?

2- Depende dessa Casa do Povo, é particular, ou de que iniciativas depende?

3- Está ligado à F.N.A.T.?

4- Quais as modalidades que cultiva? Bailados, cantares ou representações?

5- Como formou o seu reportório? De que se compõe?

6- Onde se tem apresentado o grupo?

D) 1- Há nessa localidade algum grupo desportivo que cultive jogos tradicionais da região? Quem o dirige?

2- Tem alguma ligação com a Casa do Povo? E com a F.N.A.T.?

3- Quais os jogos que cultiva?

> 4- A que certames tem concorrido?
>
> Além da resposta ao presente questionário, agradeço nos sejam apresentados, quer por escrito, quer por envio de fotografias, gravuras, ou mesmo quaiquer objectos, todos os elementos de carácter etnográfico e folclórico que, de qualquer maneira, possam ter valor para a acção deste Gabinete em defesa das tradições regionais e da Alegria no Trabalho.[238]

Apesar das directrizes da Junta Central das Casas do Povo, demorou algum tempo até que o museu rural fosse uma realidade nas várias Casas, e para esse facto muito contribuiu a acção destes etnógrafos que pugnaram pela instalação de museus rurais e pela valorização de todo o património etnográfico. Se a recolha de elementos etnográficos era relativamente fácil, o mesmo não se podia dizer do mobiliário, do arquivo ou do espaço para o próprio museu. Havia assim, falta de apoio estatal, apesar de toda a propaganda manifestada. Entre 1948 e 1956, num universo de 41 Casas do Povo, 10 possuíam um museu rural completo, 6 haviam realizado a recolha, mas faltava o mobiliário e 5 tinham o museu em projecto.[239] Por isso, em 1947, surge no *Mensário* uma crítica à falta de organização das Casas do Povo, no que diz respeito à cultura, pois o que se verificava era um "maior interesse pela instrução primária do que pela cultura popular, maior cuidado com o ensino do que com a arte, maior desejo de ter uma escola do que possuir um museu."[240] Todas as normas e directrizes tinham sido enunciadas pela Junta Central, pelo que o trabalho era simples e de uma importância extrema para a defesa e propagação da cultura popular.

> Haverá em cada Casa do Povo um livro ou um sistema de verbetes para cada especialidade folclórica. O secretário registará e numerará em cada um deles, os provérbios, as adivinhas, as orações que forem sendo obtidas por diversas colheitas. Em qualquer ocasião poderá saber-se qual

---

[238] "Fundação Nacional para a Alegria no Trabalho, Gabinete de Etnografia, Circular n. 36", *Mensário das Casas do Povo*, Ano II, nº 16, Lisboa, Junta Central das Casas do Povo, 1947, p. 20.

[239] Dados retirados dos Mensários.

[240] "Actividade cultural nas Casas do Povo", *Mensário das Casas do Povo*, Ano I, n. 7, Lisboa, Junta Central das Casas do Povo, 1947, p. 15.

é a Casa do Povo mais rica de elementos para a cultura popular e poderá recompensar-se em concurso, aquela que tiver o seu arquivo mais bem organizado. (...) A organização do arquivo folclórico é simples, fácil e pouco dispendiosa. (...)[241]

No *Mensário das Casas do Povo,* Sebastião Pessanha publica vários artigos em defesa dos museus regionais e da etnografia por considerar que esta é "a um tempo acessível a qualquer, amena, superficial, nos seus aspectos exteriores, e rígida, profunda, transcendente, no que encerra de natural e humano."[242] O povo mais facilmente compreenderia um museu deste género, que fala sobre a sua vida, o seu passado e o presente, do que um de arte ou arqueologia. O papel de salvaguarda deste património estava reservado às Casas do Povo enquanto não houvesse outro espaço como um museu regional. O povo devia ainda lembrar-se que quando são encontrados objectos antigos, estes devem ser guardados religiosamente e depositados no Museu da Casa do Povo, pois representam o passado e os seus antepassados, "deve portanto ser recolhido com religioso cuidado tudo quanto a relha descobre ao vessar mais fundo, o que a sachola revela (...), ao abrir covachos para plantar a vinha, e tudo quanto apareça será recolhido num pequeno recanto do Museu da Casa do Povo, desta feita mais rico por também guardar objectos que pertencem à Etnografia do passado."[243]

Mais do que esta vertente coleccionista, o museu da Casa do Povo representava o viver do povo português, aí podíamos testemunhar o seu dia-a-dia em autênticos "ninhos de ternura da arte popular".[244] Nestes locais, viam-se "nitidamente desenhados, esses serões bonitos, com a candeia a meio, pendurada no "moço" – tosco e bonito móvel da nossa feição rural. E cantam moças, derriçam outras (...) com atenção leveira, mas precisa, ao

---

[241] "Actividade cultural nas Casas do Povo", *Mensário das Casas do Povo*, Ano I, n. 7, Lisboa, Junta Central das Casas do Povo, 1947, p. 15.

[242] Pessanha, Sebastião, "Museus Etnográficos I", *Mensário das Casas do Povo*, Ano I, n. 7, Junta Central das Casas do Povo, 1947.

[243] Russel Cortez, "Do tempo dos mouros. A arqueologia e os museus das Casas do Povo." *Mensário das Casas do Povo*, Ano III, n. 32, Lisboa, Junta Central das Casas do Povo, 1949, p. 5.

[244] P.M., "As Casas do Povo. Ninhos de ternura da Arte Popular", *Mensário das Casas do Povo*, Ano I, nº 6, Junta Central das Casas do Povo, 1946, p. 3.

trabalho lindo... Ressuscitar esses serões! Mas mais do que isso: ressuscitar essa indústria caseira, maneirinha e linda, riqueza de um terra que quer realizar turismo!..."[245]

De facto o turismo rural e cultural aparece como um dos objectivos a atingir e como uma das formas de fomentar o artesanato, pois "os visitantes do Museu de Arte Popular em Belém têm manifestado vivo desejo de poderem adquirir os objectos ali expostos. (...) Nas nossas viagens de estudo através do País temos visitado vários museus etnográficos das Casas do Povo e verificado, com satisfação, o valor que representam como documentário da vida do povo português. E temos pensado, repetidas vezes, no interesse que poderiam despertar a todo o turista, nomeadamente ao turista estrangeiro, e no partido que daí poderia tirar-se para o incremento da venda de "recordações de viagem."[246]

Mais uma vez, competiria à Casa do Povo realizar uma pesquisa acerca dos objectos populares mais representativos de uma região, avaliando depois a sua genuinidade e a sua rentabilidade para o comércio local. Seria assim, um produto certificado de origem.[247]

Como já destacámos em capítulo anterior, dentro da lógica nacionalista do Estado Novo, havia uma vertente regionalista que era cultivada e impulsionada e que podia ser justificada pelos museus etnográficos locais. A casa portuguesa, os costumes tradicionais de cada região, os cantares, as danças, definiam geograficamente as Beiras, o Alentejo, Trás-os-Montes, etc... O primeiro amor do português deveria ser a sua Pátria local que era depois ampliada ao espaço nacional. Os Museus iriam servir para demarcar limites e definir as peculiaridades de cada região, pois "indicando-se em cada objecto a sua exacta procedência, é possível averiguar e fixar aqueles limites, isto é, as zonas ou regiões relativas a determinados usos ou suas variantes". Como também observámos anteriormente, havia um elemento

---

[245] P.M., "As Casas do Povo. Ninhos de ternura da Arte Popular", *Mensário das Casas do Povo*, Ano I, nº 6, Lisboa, Junta Central das Casas do Povo, 1946, p. 3.

[246] José Francisco Rodrigues, "Turismo e Artesanato", *Mensário das Casas do Povo*, Ano IV, nº 47, Lisboa, Junta Central das Casas do Povo, 1950, pp. 3-4.

[247] Ideias estas presentes num artigo de Cândido Marrecas, "A Recordação de Viagem" *Mensário das Casas do Povo*, Ano XVIII, n. 213, Lisboa, Junta Central das Casas do Povo, 1964, pp. 8-9.

comum a todo o país que servia de elo mítico, a religião, havia sempre um espaço, em qualquer museu etnográfico de qualquer região de Portugal, para objectos ligados à Igreja ou às suas liturgias.

Sebastião Pessanha defende ainda que, "além dos preceitos de ordem geral, de que trata a chamada museografia, há porém, outros, só aplicáveis a cada género de museu, e é perfeitamente compreensível que uma colecção de Etnografia terá de reger-se por moldes diversos dos recomendáveis, por exemplo, para uma colecção de Arte."[248] No entanto, em dois pontos essas regras e preceitos se tornam comuns a qualquer género de museu:

"1.º As espécies expostas devem ser absolutamente autênticas, e nunca cópias, ou imitações;

2.º A sua instalação submeter-se-á ao cuidado de só elas se tornarem visíveis, procurando-se ocultar, apagar, os móveis indispensáveis à sua exposição."

Em 1947 o Gabinete de Estudos e Publicações da Junta Central das Casas do Povo publica as Normas Gerais de Organização de Museus Regionais, de modo a transmitir "aos dirigentes da Casa do Povo, os esclarecimentos técnicos indispensáveis à realização" de "pequenos museus etnográficos."[249] Este documento sistematiza, pela primeira vez em Portugal, todas as regras a adoptar na prática museológica das Casas do Povo, traduzindo assim o próprio contexto que se vivia então em Portugal.[250]

Segundo este documento os objectivos dos museus regionais eram "recolher, conservar e agrupar artisticamente todos os elementos etnográficos, indispensáveis para caracterizar o trabalho, a arte e a vida da população rural de cada região do País."[251] Os objectos indicados para aí serem expostos inseriam-se em várias categorias: arquitectura regional, casa, iluminação, vestuário, escultura, tecidos e bordados, alfaias agrícolas, indústria caseira

---

[248] Pessanha, Sebastião, *Os Museus Etnográficos e as Casas do Povo*, Terra Lusa, n. 1, Outubro 1951, pp. 26-31.

[249] Maria Eugénia Torres Pereira e Carlos Alberto Dominguez Calado, *Casas do Povo, legislação coordenada e anotada/ Despachos normativos, Modelos e exemplos*, Lisboa, Editorial Império Limitada, 1960, p. 368.

[250] Cristina Pimentel, *O Sistema Museológico Português (1833-1991), Em direcção a um novo modelo teórico para o seu estudo*, Lisboa, Fundação Calouste Gulbenkian, 2005, p. 199.

[251] *Idem*.

ligada à agricultura, caça e pesca, artesanato, ferragens, transportes, pesos e medidas, tempo, medicina popular, religião, reminiscências de cultos antigos, diversões, divertimentos infantis. A sua exposição seguia também critérios ligados à classificação etnográfica ou a afinidades utilitárias e artísticas. Não era permitida a exposição de objectos que nunca tivessem tido uso ou que fossem de outra região.

Também as indicações em relação ao inventário, à marcação dos objectos e à sua localização estão aqui especificados, assim como à constituição de um ficheiro manual que conteria todos os "verbetes com a descrição minuciosa do objecto". O museu da Casa do Povo seria ainda, provisoriamente, o sítio ideal para recolher peças de valor museológico de áreas como a geologia, a botânica, a zoologia, epigrafia, numismática ou arqueologia, no caso de não haver no local nenhum museu municipal ou nacional especializado.

Quanto às instalações do museu poderiam ocupar apenas uma pequena estante numa das salas principais, um armário especial a ocupar uma parede de uma qualquer divisão ou um gabinete completo. Logo nas plantas do edifício devia ser sempre reservado um compartimento para o museu.[252]

No mesmo documento figuram ainda modelos de móveis para museus de Casas do Povo. A legenda refere que os móveis não são obrigatórios, servem apenas para "orientar o trabalho dos artífices regionais". No entanto, encontramos seguidamente uma ressalva: "Observa-se porém a conveniência de acentuar nos ornatos, que podem ser pintados ou entalhados, as características de cada província do país."[253]

O arranjo interior das Casas do Povo vai também ser alvo de atenção por parte da Junta Central devido ao "perigo" que corria o mobiliário tradicional de cada região, chegando a ser sugerida a criação de um Museu de mobiliário popular nacional, à imagem do que acontecia noutros países europeus, pois escasseavam os modelos de mobiliário rústico para copiar, substituídos pela "mesa e o armário incaracterísticos que dos arrabaldes do

---

[252] O que já acontecia na planta-tipo de Raul Lino. Cf. Raul Lino, "Apontamentos sobre a planta para uma Casa do Povo", *Mensário das Casas do Povo*, Ano II, n. 14, 1947, p. 11.

[253] Maria Eugénia Torres Pereira e Carlos Alberto Dominguez Calado, *Casas do Povo, legislação coordenada e anotada/ Despachos normativos, Modelos e exemplos*, Lisboa, Editorial Império Limitada, 1960, pp. 378-379.

Porto inundam as feiras e mercados de todo o país, por baratos e já feitos, foram atirando para lenha os velhos e tradicionais modelos (...)."[254]

Assim, um dos objectivos destes museus era despertar orgulho no povo pela sua cultura popular que estava a desaparecer, por isso era tão importante aproximar a imagem da Casa do Povo à de qualquer casa rural, até porque esta também necessitava de ser "nacionalizada."

> - Que quer então o Estado Novo?
> - Criar o lar de luxo para o Povo? – Não. "Quando a arte não é mais do que o luxo de uma Nação, ressente-se do carácter superficial e convencional de todos os luxos.
> - Que quer então o Estado Novo?
> - Dar alento às indústrias populares, caseiras. Vigor à obra de saneamento moral. Criar uma harmonia, recriar um ambiente. Nos pequenos meios rurais, ninguém concebe a existência, sem lareira e sem lar. (...) Ter um lar, é já ter um elo nobre para a economia, amarra segura para o amor de constância, apego de tudo que lhe é próprio. Ora dar ao povo os meios desse apego, é acordar nele todas as energias vitalizadoras. Muito necessário se torna esse orgulho, desenvolvido pelo seu bem, seja pela posse, seja pela valorização de o haver criado e concebido.[255]
>
> (...) Em dias de hoje o lar do povo não tem carácter. Reina nele à solta a soberana fealdade. Em holocausto ao moderno, ao já se não usa, levou sumiço tudo o que marcav o tempo ou a região.

A Casa do Povo de S. Pedro do Corval, Reguengos de Monsaraz, é apontada como exemplo a seguir pelo "bom gosto inesperado, (...) sem mácula que ali fomos encontrar em todos os seus pormenores. Na sua modéstia relativa, a Casa do Povo de S. Pedro do Corval é como que um prolongamento do Museu de Arte Popular de Belém. As suas salas e a sala

---

[254] M.C.V., "As sedes e seu mobiliário", *Mensário das Casas do Povo*, Ano II, n. 14, Lisboa, Junta Central das Casas do Povo, 1947, pp. 12-13.

[255] Maria Portugal Dias, "Nacionalização do Lar, Adorno e Mobiliário", *Mensário das Casas do Povo*, Ano I, n. 2, Lisboa, Junta Central das Casas do Povo, 1946, pp. 9 e 12.

Exemplo do que poderia ser um "museu" de uma Casa do Povo.

Gravura de defesa do produto nacional, no caso, o mobiliário tradicional.

do Museu Etnográfico, (...) são uma autêntica exposição de arte popular alentejana. A disposição, o arrumo, o colorido, a sábia criação de contrastes, a excelente escolha dos objectos a expor, são qualidades raras nos museus portugueses."[256]

Esta comparação com o Museu de Arte Popular de Belém volta a ser repetida por Abel Viana num artigo sobre os museus etnográficos de província[257], onde destaca o papel do Museu de Belém, não como modelo porque funciona como um "grande museu etnográfico nacional", mas como fonte de inspiração para estes pequenos museus, pois nesse "grande museu lisboeta (...) qualquer das regiões do país está naturalmente representada."[258]

---

[256] "Quadro de honra. Casa do Povo de S. Pedro do Corval", *Mensário das Casas do Povo*, Ano VIII, n.85, Lisboa, Junta Central das Casas do Povo, 1953, pp. 10-11.

[257] Neste artigo enumera os museus de Lagos, Póvoa de Varzim, Vila Real de Trás-os-Montes, Faro, Viana do Castelo e, com destaque especial, Porto (Museu de Etnografia e História da Província do Douro Litoral). Cf. Abel Viana, "Pequenos museus etnográficos de província", *Mensário das Casas do Povo*, Ano XIV, n. 157, Lisboa, Junta Central das Casas do Povo, 1959, p. 6-7.

[258] Abel Viana, "Pequenos museus etnográficos de província", *Mensário das Casas do Povo*, Ano XIV, n. 157, Lisboa, Junta Central das Casas do Povo, 1959, p. 6.

Chega mesmo a ser publicado um artigo intitulado "Como se iniciou o museu rural adentro da Casa do Povo"[259], pois havia uma grande preocupação com as normas, o saber fazer. Assim, neste artigo está descrito todo o processo de criação de um museu desde a colecção, ao inventário, etc.

> Desde a fundação que a Casa do Povo ia progredindo numa vida crescente de entusiasmo, procurando corresponder sempre, na medida do possível, aos intuitos de quem as idealizara.
> Não só ia cumprindo a letra dos seus estatutos na parte respeitante à assistência médica e previdência social, como se estabeleciam novas modalidades: acção cultural, meios recreativos, etc.
> Da construção dum belo edifício para a sua sede, passou-se à reorganização da velha filarmónica local, do rancho folclórico, grupo cénico, serões dominicais cheios de vida e fartamente concorridos, com

---

[259] Vilares, João, "Como se iniciou o museu rural adentro da Casa do Povo", *Mensário das Casas do Povo*, Ano IV, n° 42, Lisboa, Junta Central das Casas do Povo, 1949, p. 5. João Vilares descrito como "etnógrafo distinto, escritor de mérito e, sobretudo, a alma da Casa do Povo, (...) o presidente da Assembleia Geral" da Casa do Povo de Sambade, Bragança. Cf. "Quadro de Honra, Casa do Povo de Sambade", *Mensário das Casas do Povo*, Ano III, n° 35, Lisboa, Junta Central das Casas do Povo, 1949, pp. 10-11.

os seus programas variados e agradáveis. Mas quantos esforços para vencer os mil empecilhos dos cépticos e dos indiferentes!

Um dia as instâncias superiores falaram em museus rurais (...). A Casa do Povo perfilhou logo a ideia. E quem melhor que estes organismos para recolher e salvar o pouco que ainda possa existir?

Como fazer? Aproveitou-se a estadia na terra dos estudantes em férias, de ambos os sexos; e como alguns, de cursos superiores, haviam já adquirido o gosto por tais velharias, toca a percorrer alegremente a área da freguesia.

Entrou-se nas moradias rústicas, subiram-se escadas nobres, falou-se, pediu-se, convenceram-se os retrógrados a estas coisas (...) e, no final, não se deu o tempo por perdido; pelo contrário, a primeira colheita foi esperançosa.

Depois procedeu-se à destrinça, à limpeza, à classificação; etiquetaram-se os objectos e colocaram-se pequenas secções, até que estas tomem maior vulto com novas colheitas. E assim é que em dois grandes armários, construídos ao fundo do grande salão de festas da sede social, já hoje a Casa do Povo mostra aos seus visitantes e sócios variadas coisas, salvas da acção do tempo e da ignorância dos homens (...).

E qual foi a colheita?

Na secção louças antigas: pratos, terrinas, chávenas, vasos ornamentais, etc.;

Na secção sacra, uma das mais abundantes: crucifixos vários, imagens de madeira, cruzes, relicários, panos de seda, duas teses em latim impressas em tecido de seda animal;

Na secção de roupa antiga: toalhas com bordados, travesseiros, camisas, etc.;

Na de metais: ferros de engomar dos feitios mais variados, balanças, almofarizes, colheres, candeias de azeite, etc.;

Na secção de armas: espingardas, pistolas, pelouros, etc.

Na da indústria local: utensílios agrícolas, cestos de verga, utensílios de vida doméstica, etc.

Há ainda uma apreciável colecção numismática, oferta dum dos professores da terra que durante anos recolheu todas as moedas que apareceram nos limites da aldeia e que agora ofereceu ao Museu da Casa do Povo.

Há também livros e documentos de séculos que ali têm melhor guarda que na biblioteca do mesmo organismo.

Finalmente, figuram ainda, em secção especial, os produtos da aldeia: cereais, vinho, batata, castanha, azeite, frutos vários, (...) e junto as respectivas estatísticas da colheita anual na área da Casa do Povo.

Não devemos, por último, esquecer que numa das vidraças estão patentes os artefactos premiados das festas do linho, das rendas, das meias etc., que esta Casa do Povo tem levado a cabo durante os serões das noites de inverno.

Eis, pois, como se iniciou esta obra, para a qual bastou apenas vontade, e se continuará no mesmo espírito de persistência.

Esta tentativa de normalização continua e, em 1952, surge outra sistematização realizada por Abel Viana.

Acabo de observar os exemplares que, do distrito de Beja, se encaminham para a 1ª Exposição de Arte Popular, por iniciativa da F.N.A.T., a realizar em Lisboa. O conjunto não difere do que já vi em outros pontos do país, principalmente em incipientes museus de Casas do Povo, e pendo em crer que por toda a parte apresente as mesmas características.

Pode ser dividido pelos seguintes agrupamentos:

a) – Trabalhos com ornato tradicional sobre objectos de uso corrente e tradicionais: colheres, facas, cadeias e caixas de relógio, corchos, tarretas, etc.

b) – Objectos de uso não tradicional, mormente nos meios rurais, assim como outros de concepção moderna.

c) – Miniaturas de ferramentas de ofícios, de utensílios de uso caseiro, de viaturas, de alfaias agrícolas, etc.

d) – Ferramental de ofícios, utilizável, ou seja, em sua feição natural.

e) – Lavores femininos, tradicionais uns, de invenção moderna outros.

f) Pintura, escultura e desenho.

O primeiro grupo abrange o que na realidade leva marca de autenticidade etnográfica, entendendo-se por autêntico apenas o que for tradicional. (...)

Exemplo do que poderia ser um "museu" de uma Casa do Povo.

Inauguração da Casa do Povo de Almeirim em 1935.

Aqui, assim como em parte do grupo de lavores femininos, está o que, efectivamente, se prende à tradição e, por conseguinte, apresenta maior interesse do ponto de vista etnográfico.

As reproduções miniaturais de utensílios caseiros, alfaias agrícolas, viaturas, chaminés, embarcações, etc., são, segundo penso, de inspiração recente e originadas nas exposições de trabalhos das escolas primárias, fundamentalmente na que, em Maio de 1934, se levou a cabo na capital do Algarve e tão forte repercussão teve nos restantes distritos do País.[260]

Para a implementação dos pequenos museus rurais, Abel Viana dá também como exemplo o Museu Regional de Lagos que começou por ter uma colecção de arqueologia, à qual foi acrescentando outras de história natural e etnográfica porque "a massa popular continua a preferir o etnográfico, assunto que (...) melhor sente e logo compreende.[261]

---

[260] Abel Viana, "Artesanato e Arte Popular", *Mensário das Casas do Povo*, Ano VII, n. 77, Lisboa, Junta Central das Casas do Povo, 1952, pp. 12-13.
[261] Abel Viana, "Pequenos museus etnográficos", *Mensário das Casas do Povo*, Ano XIII, n. 154, Lisboa, Junta Central das Casas do Povo, 1959, p. 13.

O museu de Lagos podia mesmo servir de "modelo ao que haverá a fazer, embora em menos escala, nessas numerosas Casas do Povo (...). Mas a organização de um pequeno museu a valer, não de uma ou duas prateleiras com meia dúzia de bonecos empoeirados."[262] Neste museu estavam representadas as modalidades do artesanato algarvio, tanto na vida rural como marítima, incluindo também as indústrias artesanais de cada concelho: de Monchique a fiação, no de Lagoa, trabalhos em palma, de Silves, a cortiça, de Lagos os doces de amêndoa e os trabalhos em cobre. Depois, as viaturas regionais, as peças destinadas à tracção animal, os tradicionais elementos arquitectónicos em miniatura e modelos de barcos e instrumentos relacionados com a pesca, utilizados em toda a região.[263]

Era importante criar normas e mostrar exemplos aos sócios das Casas do Povo, para que também eles pudessem criar um pequeno museu rural de qualidade e representativo da sua região.

---

[262] *Idem*, p. 14.
[263] Abel Viana, "Pequenos museus etnográficos", *Mensário das Casas do Povo*, Ano XIII, n. 154, Lisboa, Junta Central das Casas do Povo, 1959, pp. 13-14.

A partir de 1948, começa a ser publicado no *Mensário das Casas do Povo*, um artigo designado "Quadro de Honra", onde era destacada a melhor Casa do Povo de cada região. Ao local, deslocava-se um "redactor da Junta Central com a atribuição de assistente cultural e artístico."[264]

Nestes artigos, são evidenciados alguns museus rurais, como é o caso do Museu da Casa do Povo de Mafra,[265] onde se afirma que a sua colecção é tão vasta que escasseiam já as salas para guardar o que se foi recolhendo.[266] Como é um exemplo a seguir pelas outras instituições congéneres, de tal modo que está no *Quadro de Honra*, o autor faz a relação de todo o recheio do museu, que a seguir transcrevemos:

Sala de Antiguidades

1 grande e valiosa colecção de azulejos hispano-árabes (lisos do século XV e relevados do século XVI);

1 grande colecção de azulejos dos séculos XVII, XVIII e XIX;

1 colecção de pedras romanas;

1 colecção de pedras visigóticas;

1 rica colecção de registos de santos (séculos XVIII e XIX);

1 colecção de documentos regionais dos séculos XVIII e XIX;

1 grande e variada colecção de fósseis como muito poucas haverá no País;

1 grande colecção, como poucas poderá haver, de instrumentos do período neolítico;

1 grande colecção de moedas, cobre e prata, antigas, encontradas na região;

1 colecção de belas pinturas, gravuras e desenhos (antigos)

---

[264] "Quadro de honra. Casa do Povo de Pinhel", *Mensário das Casas do Povo*, Ano IV, n. 42, Lisboa, Junta Central das Casas do Povo, 1949, p. 10.

[265] M.T., "Quadro de honra. Casas do Povo de Mafra", *Mensário das Casas do Povo*, Ano III, n. 34, Lisboa, Junta Central das Casas do Povo, 1949, p. 10.

[266] Sabemos que em Agosto de 1948 foram concedidos à Casa do Povo de Mafra a quantia de 2.500 escudos para aquisição de mobiliário destinado ao Museu. Cf. *Mensário das Casas do Povo*, Ano III, n. 28, Lisboa, Junta Central das Casas do Povo, 1948.

1 colecção de pesos antigos;

1 colecção de diferentes objectos antigos, muitos deles já muito raros;

1 colecção de vasilhas de adega (em barro), tão raras que até já têm sido pedidas fotografias para outros museus nacionais e estrangeiros;

Vários exemplos de andilhas. Igual a uma delas, que nós saibamos, só existe outra que se encontra no museu dos Coches, em Lisboa, etc.

Sala de Cerâmica Regional

Onde, além de inúmeros objectos de uso doméstico, podem admirar-se muitas e interessantes fantasias do oleiro mafrense.[267]

É interessante acentuar que a cerâmica mafrense foi a mãe da cerâmica das Caldas da Rainha.

Sala de Artes e Ofícios Regionais

Completa colecção de miniaturas de alfaias agrícolas e de objectos de verga, de folha, de madeira, de ferro, de osso, de conchas, etc.

Sala de Ferrarias

Armas e armadilhas populares, fechaduras, fechos, chaves, trancas, tranquetas, variadas lamparinas, etc.

Sala de Indumentária

Onde se encontram expostas muitas e interessantes peças do antigo vestuário regional (masculinas e femininas).

O Museu de Mafra foi constituído através das ofertas do povo, a "moeda encontrada na horta ou a, alâmpada, de azeite que já não serve" tudo ia parar ao chamado "Museu do Trabalhador".[268] Se compararmos este acervo com o que existia no museu de arte popular, deparamo-nos com algumas diferenças e semelhanças. Como parecenças podemos indicar o aspecto pitoresco dos museus locais e a pouca cientificidade que demonstravam. A diferença encontrava-se sobretudo no acervo, pois nos museus locais não havia delimitação temática, coexistindo uma colecção de numismática com

---

[267] É destacado o trabalho do barrista José Franco, cuja produção estava presente no Museu Regional da Casa do Povo e que contava com o apoio da Câmara Municipal de Mafra. Cf. Raul de Almeida, "As artes populares no concelho de Mafra " *Mensário das Casas do Povo*, Ano V, n. 59, Lisboa, Junta Central das Casas do Povo, 1951, p. 14.

[268] Ayres de Carvalho., "O Museu de uma Casa do Povo", *Mensário das Casas do Povo*, Ano IX, n. 108, Lisboa, Junta Central das Casas do Povo, 1955, pp. 3-4.

vestígios arqueológicos, fósseis ou documentos escritos. Tudo podia ser exposto no museu da comunidade.

Outro museu destacado é o da Casa do Povo de Estremoz[269], considerado um "verdadeiro prodígio de bom gosto e de arrumação, autêntico espelho da vida, do trabalho e da arte do povo rural alentejano." A sua organização era de tal modo eficaz que os seus criadores tinham conseguido "dar existência, interesse e beleza a um museu regional."[270]

> O Museu ocupa três salas, instaladas no antigo Convento das Maltesas, fundado por D. João III – e anexo da Misericórdia. Nele se encontram, em excelente equilíbrio de proporções, sobre prateleiras de alegre cor vermelha e outro mobiliário bem alentejano, as mais variadas espécies representativas do artesanato e da arte popular da região. Quanto a esta impressionaram-nos, pela sua graciosidade, as deliciosas colheres de mantieiro, bordadas a bico de canivete; e encantaram-nos pelo seu valor, estético ou prático, ou decorativo: - os conhecidos tarros e tarretas; os azeiteiros ou cornas bordadas; os canudos ou assopradores para lume; as miniaturas de carros de lavoura; os canudos de ceifeira, usados para proteger os dedos contra os golpes; os escaroladores de milho, também bordados; as correntes e os gravatos, estes para apanharem as pernas dos cabritos quando vão a fugir; as taramelas, os adufes, os atabales, os pandeiros e as roncas – instrumentos do folclore local; os chamados "cavalos" ou "encostas para espetos", utensílios destinados a pôr na chaminé, para as "espetadas" de carne; os trimbolins (carros de uma

---

[269] O Museu de Estremoz teve origem na "Exposição da Vida Corporativa de Portalegre", onde a "arte rural surgiu profusamente (...) e os seus costumes regionais, exibidos em cinquenta e seis manequins, constituíram um conjunto admirável, que ainda estão na lembrança de quem teve a ventura de visitar a exposição, primeiro em Portalegre, e depois em Elvas."Depois desta primeira experiência foi valorizado o "estudo do povo rústico", permitindo a criação "patriótica (...) dos Museus Regionais no Distrito de Évora". Cf. J. A. Capela e Silva, "A Vida Rural no Alentejo", *Mensário das Casas do Povo*, Ano V, n. 60, Junta Central das Casas do Povo, 1951, p. 20-21.

[270] "Quadro de honra. Casa do Povo de Santa Maria de Estremoz", *Mensário das Casas do Povo*, Ano V, n. 56, Junta Central das Casas do Povo, 1951, p. 10. Sabemos que, em 1948, a Casa do Povo de Estremoz tinha recebido a quantia de 6.375 escudos para aquisição de mobiliário para o museu. Cf. *Mensário das Casas do Povo*, Ano III, n. 26, Lisboa, Junta Central das Casas do Povo, 1948.

muar) e outros carros de parelha e de canudo; os cinchos e chavões, para fazer os queijos e para marcar os bolos; os cepos, armadilhas ou ratoeiras; os clássicos bonecos de Estremoz, reproduzindo as variantes extintas do século XVIII, da primitiva Escola de Machado de Castro e António Ferreira, tão conhecidos nos presépios populares da época; os formosos manequins, vestidos, representando as diversas figuras dos rurais alentejanos; o "monte" e a lareira alentejana, com todos os seus pertences, em linda reprodução miniatural; e até um presépio com a Sagrada Família, todo em madeira – e igualmente trabalhado a bico de canivete! Quanto ao artesanato, o Museu guarda alguns preciosos trabalhos a fio de lã colorido nos mulins e cabeçadas das muares; sacos de estamenha, de retalhos e de mantaren; muitos utensílios caseiros e mobiliário; "pontos", bicos ou cabeções, em renda de linha; camisas de "papo de rola" e de encabeçotes bordados; mapas bordados a ponto de cruz; e a famosa loiça de Estremoz, onde não faltam os clássicos "púcaros".[271]

No Museu existiam ainda "quadros de promessas", pintados em madeira, onde os populares agradeciam as benesses praticadas pela Casa do Povo, não resistimos a incluir aqui uma delas: "António José Borda d'Água vem agradecer à Casa do Povo, muito reconhecido, por a sua filha ter ido para a Colónia Balnear infantil, de onde veio muito gorda."[272]

Em 1961, Sebastião Pessanha chama a atenção, através de um artigo no *Mensário*, para a possibilidade de aquisição em Estremoz, da colecção de um particular, Rafael Maria Rúdio, para que esta não se disperse, uma vez que reunia grande interesse etnográfico. Para justificar esta aquisição, o autor dá o exemplo da França, onde existem "cerca de seiscentos museus de Etnografia", que tiveram origem em colecções particulares. Ora, o Alentejo, zona riquíssima em arte popular era, na sua opinião, pobre "em colecções

---

[271] "Quadro de honra. Casa do Povo de Santa Maria de Estremoz", *Mensário das Casas do Povo*, Ano V, n. 56, Junta Central das Casas do Povo, 1951, p. 10.
[272] *Idem.*

públicas, incipientes as pertencentes a alguns municípios", pelo que aquela colecção devia ser protegida. [273]

De facto, a zona do Alentejo tinha alguns museus rurais[274], na dependência de Casas do Povo, que eram muitas vezes referidas como exemplo[275], apesar da opinião negativa de Sebastião Pessanha, já citada. Estes Museus Rurais chegam mesmo a ser considerado como um modo de "despertar os artistas ignorados, fazer alastrar a arte rústica, criar novas fontes de receita para o povo rural."[276] Foi ponderado um projecto de criação de um Museu do Povo Alentejano, em Évora, com uma secção de actividade artesanal ao vivo, que nunca chegou a ser concretizado.[277]

Ainda no Distrito de Évora, na Casa do Povo de Alcáçovas, foi inaugurado, em Agosto de 1951, um Museu Rural, "não tão extenso como o encantador Museu da Casa do Povo de Santa Maria de Estremoz, mas com uma recolha "suficiente para ser considerado um notável museu rural e motivo de orgulho para os sócios da instituição", onde podia ser observado o alto sentido artístico do povo alentejano e o valor do seu artesanato, como nos mostram todas as particularidades da dura vida agrícola da terra de sequeiro".[278]

O Museu Regional de Beja tinha uma colecção rara de artefactos de arte pastoril, fabricados "com a ponteaguda faquinha" com a qual o "pastor alentejano opera verdadeiros prodígios." Da pequena colecção foram escolhidos alguns objectos exemplificativos, como uma "colher de buxo,

---

[273] Sebastião Pessanha, "Coleccionismo e cultura", *Mensário das Casas do Povo*, Ano XV, n.176, Lisboa, Junta Central das Casas do Povo, 1961, p. 7.

[274] O distrito de Évora tinha pelo menos três museus rurais: Estremoz, S. Pedro do Corval e Alcáçovas. Cf. Tabela III.

[275] "As Casas do Povo que citei (Santa Maria de Estremoz, de Alcáçovas e de S. Pedro do Corval) arrancaram para a obra de restauração e valorização da arte popular e do artesanato e fizeram-no em moldes de poderem ser imitadas e seguidas no seu exemplo e na sua lição, sobretudo no seu significado de valorização de uma obra de raiz genuinamente portuguesa e de expressão francamente nacional." Cf. Bento Caldas, "As Casas do Povo e o Artesanato", *Mensário das Casas do Povo*, Ano XIX, n° 217, Lisboa, Junta Central das Casas do Povo, 1964, p. 9.

[276] Bento Caldas, "As Casas do Povo e o Artesanato", *Mensário das Casas do Povo*, Ano XIX, n. 217, Lisboa, Junta Central das Casas do Povo, 1964, p. 9.

[277] Mira Ferreira, "Artesanato Português: seu valor e interesse. Uma entrevista concedida pelo Dr. Armando Perdigão", *Mensário das Casas do Povo*, Ano XVII, n. 197, Lisboa, Junta Central das Casas do Povo, 1962, pp. 8-9.

[278] "Na Casa do Povo de Alcáçovas. Inauguração de dois melhoramentos,"*Mensário das Casas do Povo*, Ano VI, n. 63, Lisboa, Junta Central das Casas do Povo, 1951, pp. 10-11.

com a orla do cabo miudamente rendilhado (...). De rijo buxo é igualmente a complicada fantasia do cachimbo munido de tampa (...). Dos variados trabalhos de pastor, salientam-se, pela riqueza de ornamentação, as cornas e polvorinhos. (...) A corna, exuberantemente gravada com quadrifólios, figuritas de meninas e cruzes da Ordem de Cristo. A decoração do polvorinho apresenta técnica mais trabalhosa. Em vez de gravados, os ornatos são em relevo. (...) O Escudo Nacional coroado ocupa o lugar de honra. Perto dele, dois corações entrelaçados e, sobre eles, a simbólica chave para amorosamente os abrir." Como o desaparecimento desta arte era uma realidade, eram "as Casas do Povo e demais entidades (...) que podem criar meios convenientes à perduração desta modalidade da arte popular", caracterizada como uma base forte de segura consciência nacionalista."[279]

A Casa do Povo de Almeirim foi aprovada a 25 de Maio de 1935. As suas actividades englobavam várias actividades, desde a assistência clínica, à protecção da infância e à função educativa.[280] Porém, a função deste tipo de Instituições, não era só relacionada com a previdência e assistência, como temos vindo a acentuar neste capítulo, desempenhavam também uma importante acção cultural através da criação de museus e bibliotecas. Em 1952, a Casa do Povo de Almeirim possuía já um museu, no qual se podiam "admirar verdadeiras preciosidades."[281] Foi seu criador e organizador, José Augusto Vermelho, que muito pugnou pela sua valorização no que diz respeito ao turismo, constatando mesmo que, no ano de 1955 o número de visitas ultrapassava já as 3 000 pessoas.[282] O museu devia desenvolver-se de modo a representar a região nomeadamente no que diz respeito à arquitectura, casa, iluminação, vestuário, tecidos e bordados, alfaias agrícolas,

---

[279] Abel Viana, "Lavores Pastoris," *Mensário das Casas do Povo*, Ano VII, n. 73, Lisboa, Junta Central das Casas do Povo, 1952, pp. 8-9.

[280] Segundo resultados do relatório de contas de 1951. Vide José A. Vermelho, Almeirim e a magnificência de uma das suas melhores obras sociais, Porto, Edição dos Serviços Culturais da Casa do Povo de Almeirim, Agosto de 1952, pp. 13-15.

[281] *Idem*, p. 18.

[282] José A. Vermelho, *Na margem esquerda do Tejo...-a Régia Almeirim*, Porto, Edição dos Serviços Culturais da Casa do Povo de Almeirim, 1955, p. 36.

indústria, caça e pesca, artesanato, religião, diversões e divertimentos infantis, de modo a constituir um autêntico "arquivo da alma da nossa gente".[283]

Já Sebastião Pessanha, em artigo publicado no *Mensário* sobre o museu, defende a criação de quatro núcleos fundamentais:

    a) O povo e o seu viver;
    b) A cultura cerealífera;
    c) A vinha e o vinho;
    d) Os gados.

Explicando seguidamente o seu conteúdo: " Da primeira (secção) farão parte a habitação e as suas dependências rurais, os adornos domésticos, a alimentação, as indústrias caseiras, a caça e a pesca, a vida social, os costumes religiosos e a superstição; da segunda, toda a rica teoria da alfaia agrícola, desde a grande charrua de sulcar a terra à pequena foice de ceifar o pão; da terceira, a numerosa utensilagem da cultura da vinha e do fabrico do vinho, tão velhos entre nós, como a própria nacionalidade, justificando a criação desta secção dado que existiam apenas três museus do vinho na Europa; da quarta, finalmente a criação e o apascentar dos gados, a arte dos pastores e os seus curiosos costumes (...)."[284]

Do museu fazia também parte uma colecção de "velharias", que contava com moedas romanas, uma ânfora romana "vaso antigo de duas asas e forma ovóide" e azulejos hispano-árabes.[285]

Almeirim é caracterizada como uma zona rural, centro vinícola[286] e rica em tradições etnográficas porque "esta região, sob o ponto de vista folclórico e sobretudo da música portuguesa, é caracterizada por falar harmonioso e correcto, por canções e danças populares suavemente onduladas, leves de expressão (...) e, a par do verde-gaio e do caprichoso fandango, faz-se eco

---

[283] *Idem*, p. 19.

[284] Pessanha, Sebastião, *Os Museus Etnográficos e as Casas do Povo*, Terra Lusa, n. 1, Outubro 1951, pp. 26-31.

[285] José A. Vermelho, *Al-meirim, velharias desta vila tão mui nobre*, Porto, Comissão Municipal de Arte e Turismo de Almeirim, 1951, p. 35.

[286] "Na vossa frente agora, a ruralíssima Almeirim, senhora de vasta planície, na sua maioria vinha, vinha e mais vinha". Vide José A. Vermelho, *Na margem esquerda do Tejo...-a Régia Almeirim*, Porto, Edição dos Serviços Culturais da Casa do Povo de Almeirim, 1955, p. 47.

das suas belezas na letra e música do fado de Almeirim. Por este motivo vai ser também criado, em 1956, o Rancho Folclórico da Casa do Povo de Almeirim e o Grupo de Teatro Gente Miúda.[287]

Em 1953, a Casa do Povo de Almeirim figura no "Quadro de Honra" do *Mensário das Casas do Povo*. Neste artigo, é realçado o papel desta instituição no desenvolvimento cultural da região que "gira em volta de dois pólos: a Biblioteca e o Museu Etnográfico. A Biblioteca (…) é uma das melhores que devem existir na província. Organizada com superior critério, inclui lado a lado, as melhores obras da nossa literatura clássica e moderna, obras puramente recreativas e obras de formação política e corporativa. (…) O Museu Etnográfico, instalado numa das maiores salas da Casa do Povo, atesta, por si só, a iniciativa dos dirigentes. Quantas Casas do Povo recuam perante as dificuldades que obstam à organização de um Museu Etnográfico! A Casa do Povo de Almeirim torneou inteligentemente estas dificuldades, (…) dirigindo um apelo aos habitantes da freguesia e solicitando a sua colaboração e pedindo-lhes que cedessem ao Museu objectos de valor etnográfico, artístico, arqueológico que possuíssem. O povo de Almeirim correspondeu ao apelo, e hoje o museu é uma realidade. Sem dúvida vêem-se, ao lado de peças valiosas, manifestações de menor qualidade (…) a disposição geral, o arrumo, o gosto do Museu não são do melhor quilate (…). Porém, tal como está, representa um esforço prodigioso na sua modéstia (…). Pouco a pouco as arestas serão limadas (…) e os visitantes de Almeirim poderão encontrar então uma imagem do passado brilhante da vila, um reflexo da sua arte, da sua etnografia, dos seus usos e costumes, isto é, um retrato da sua psicologia, da sua alma. Portugal seria mais rico se todas as Casas do Povo tivessem um museu como este."[288]

De facto, os museus rurais eram elogiados devido ao seu valor turístico e histórico, e os casos de Santa Maria de Estremoz e de Mafra eram apontados como os exemplos mais bem conseguidos por irem "além do simples limite

---

[287] *Cronologia Histórica de Almeirim 1411-1995*, Almeirim, Câmara Municipal de Almeirim, 1996, p. 21.
[288] "Quadro de honra. Casa do Povo de Almeirim", *Mensário das Casas do Povo*, Ano VII, n. 81, Lisboa, Junta Central das Casas do Povo, 1953, pp. 10-11.

etnográfico inicialmente proposto".[289] É que estes museus eram os locais de excelência para arquivar a memória histórica da região. Aí deviam figurar exemplos de alfaias agrícolas, de vestuário e representações da arte regional, quer masculina, quer feminina. Para além da colecção, devia existir sempre um ficheiro de livros de registo e um arquivo fotográfico que seguissem as normas ditadas pela Junta Central das Casas do Povo.

Ao longo das páginas do *Mensário*, para além da longa lista de artigos dedicados à etnografia e ao folclore, os leitores eram convidados a valorizar as Casas do Povo, oferecendo dádivas aos museus da sua região, que são entendidos como autênticos "núcleos de patriotismo localista." [290]

Apesar de todas estas iniciativas de defesa dos pequenos museus rurais e da longa lista de opiniões citadas ao longo deste capítulo, Sebastião Pessanha, em tom de desabafo, acaba por nos transmitir uma certa angústia pelos resultados alcançados,

> Nove artigos publicados no "Mensário das Casas do Povo", de 1947 a 1950, a palestra que proferi, em Junho de 1949, no Cine-Tetro de Almeirim e a comunicação que apresentei em 1956, no I Congresso de Etnografia e Folclore, realizado em Braga, traduzem fases dessa luta inglória que durou quase dez anos e que não logrou alcançar os objectivos a que obedeceu.
>
> Muito pelo contrário, alguns dos nossos poucos museus da especialidade caíram, entretanto, no mais vergonhoso abandono e no mais espantoso caminho de total destruição das coisas neles reunidas com saber, trabalho e dedicação não compreendidos, nem respeitados.

Refere como exemplos dessa destruição os casos da Póvoa do Varzim e de Vila Real, votados ao desleixo e à incúria, e lamenta que não tenham sido concretizados os projectos de Braga, Aveiro e Viana do Castelo. Estes casos eram frutos do trabalho de homens apaixonados pela

---

[289] "Valorize o museu da sua Casa do Povo", *Mensário das Casas do Povo*, Ano IX, n. 103, Lisboa, Junta Central das Casas do Povo, 1955, p. 3.

[290] Luís Chaves, "O Congresso Português de Etnografia e Folclore", *Mensário das Casas do Povo*, Ano X, n. 153, Lisboa, Junta Central das Casas do Povo, 1956, pp. 14-15.

etnografia, cujas ideias pereceram com eles. Por isso, Sebastião Pessanha, defendia os Museus das Casas do Povo, pois a sua base era sempre uma instituição séria e o próprio museu era fruto do trabalho e dedicação da comunidade.

De facto, existem ainda hoje alguns museus de Casas do Povo. Os mais antigos, muitas vezes, não resistiram ao tempo e ao desleixo, mas já depois de 1974, esta vertente etnográfica continuou a ser cultivada em muitas Casas do Povo, principalmente devido à acção dos ranchos folclóricos, já imbuídas de outro espírito. A escassos quilómetros de Coimbra, na Vacariça, concelho da Mealhada, distrito de Aveiro, encontrámos um museu que segue as instruções do museu rural. A Casa do Povo, fundada em 1965, ocupava outrora o edifício actualmente ocupado pela Junta de Freguesia. Nos anos 80 foi transferida para o actual edifício, antigo palacete dos Viscondes do Valdoeiro. É nesta década que se inicia o Museu Etnográfico. Na Casa do Povo fomos encontrar as dependências que normalmente constituíam uma Casa do Povo: um Centro de Dia, uma Biblioteca, um Posto Médico e um Museu. Não desapareceu portanto a sua feição assistencialista, nem a de guardiã da "cultura popular."

No museu da Casa do Povo da Vacariça, encontrámos uma estrutura semelhante à defendida por Sebastião Pessanha. O referido museu localiza-se nas antigas cavalariças do palácio, sendo portanto um edifício anexo. Tem duas entradas, a lateral é ladeada por dois enormes potes de azeite e a principal tem um pequeno telheiro onde estão colocadas algumas alfaias agrícolas e uma nora. O interior é constituído por uma única sala que está dividida nas seguintes secções:

   a) A Casa
   b) O Pão
   c) O Vinho
   d) O Azeite
   e) O Pinhal
   f) O Pátio

Aspexto expositivo actual da Casa do Povo da Vacariça

Outro exemplo de Museu de Casa do povo realizado já depois do 25 de Abril é o da freguesia de Ferro, na Covilhã, cuja Casa do Povo foi criada em Setembro de 1935. A ideia deste museu nasceu de uma primeira exposição de artesanato e antiguidades na Casa do Povo em 1965, onde não faltava "um quadro vivo formado por um grupo de mulheres que amassavam, espadelavam, fiavam e dobavam o linho."[291] Desde essa altura que existe o projecto do museu que, em 1971, volta a ser discutido, pois existia já na Casa do Povo uma exposição de achados arqueológicos. Em 1982 volta a ser organizada nova exposição etnográfica e arqueológica, mas o museu só foi concluído em 1999.

Por último, não queremos deixar de assinalar o museu da Casa do Povo de Sobreira Formosa, Proença-a-Nova, cujo museu rural só foi constituído em 1990, embora a recolha etnográfica tenha tido início em 1981, por iniciativa do Grupo de Danças e Cantares Populares.[292]

---

[291] Citado por Matos, António Perestrelo de, "Casa Museu da Freguesia do Ferro", *Roteiro de Museus (Colecções Etnográficas), Região Centro (Beiras)*, Terceiro Volume, Lisboa, Olhapim Edições, 1999, p. 89.

[292] Esta Casa do Povo foi quadro de honra do *Mensário* em Setembro de 1953.

Estes museus rurais e mesmo o conceito de ecomuseu tiveram origem numa necessidade de preservar o que é próprio de uma região e de uma época. Se nem todos os critérios museológicos foram cumpridos, pelo menos num aspecto estes museus foram um sucesso, no pedagógico, no sentido de alertar as populações rurais para o valor da sua cultura e para o património da sua região. Não só os museus das Casas do Povo perduraram até aos nossos dias. Apesar do testemunho negativo de Sebastião Pessanha, muitos dos museus regionais sobreviveram igualmente até hoje, um desses exemplos, que vamos analisar em seguida, é o Museu de Etnografia e História da Póvoa do Varzim.

6. Museu Etnográfico Municipal da Póvoa do Varzim

O Museu da Póvoa tem a sua história ligada à vida de um homem, António dos Santos Graça[293], estudioso da etnografia local e cuja primeira recolha deu origem à *I Exposição Regional de Pesca Marítima*, em 1936 que teve lugar no Casino da Póvoa. Tinha esta exposição como objectivo "documentar todas as modalidades da vida, usos, costumes e tradições dos povos que habitam a linda zona costeira compreendida entre o Ave e o Lima".[294] O sucesso desta iniciativa foi tão marcante que, no ano seguinte, é fundado o Museu Etnográfico Municipal da Póvoa do Varzim, num edifício do século XVIII, localizado no centro histórico, o Solar dos Carneiros, onde ainda hoje se encontra.[295]

A colecção mostra o quotidiano dos pescadores ao longo da vida, abarcando todos os seus aspectos, a religiosidade, o vestuário, os jogos e tradições, instrumentos ligados à pesca, e também os costumes da vida rural daquela região, que abarcava três concelhos limítrofes, Vila do Conde, Póvoa do Varzim e Esposende, onde ainda era possível "destrinçar e estudar

---

[293] Nasceu na Póvoa em 1882 e morreu em 1956, filho de pescadores. Apesar de possuir apenas a instrução primária, destacou-se na literatura e nos estudos etnográficos, tendo também fundado o Clube Naval Povoense, o Grupo Folclórico Povoense e o jornal "O comércio da Póvoa do Varzim. Em 1932 publicou "O Poveiro", onde estão descritas as tradições da comunidade piscatória da Póvoa. Informação baseada na folha informativa do Museu Municipal.

[294] Sebastião Pessanha, "Museus Etnográficos V", *Mensário das Casas do Povo*, Ano II, n. 22, Lisboa, Junta Central das Casas do Povo, 1948, pp. 11 e 15.

[295] Hoje, o seu nome ganhou a componente histórica, pois foram sendo acrescentadas ao museu colecções de arqueologia e arte. De 1974 a 1985, o museu foi alvo de diversas modificações e melhoramentos, porém o núcleo principal da colecção de Etnografia é o mesmo de 1937.

uns quatro núcleos de aborígenes (...) que ali se comprimem entre o mar e as elevações que lhe correm paralelas."[296]

As comunidades piscatórias constituíram também, a par com as comunidades rurais, um símbolo da trilogia do Estado Novo, Deus, Pátria e Família, aliando-se a esta o trabalho duro e cheio de perigos que a pesca representava. Foram representativas desta idiossincrasia as povoações da Póvoa do Varzim e da Nazaré, cujos costumes foram divulgados através da literatura, do cinema, do teatro e dos museus.[297]

Em 1932, Santos Graça publicou *O Poveiro*, onde estão descritas as tradições da comunidade piscatória da Póvoa. Nesta obra, traça igualmente o perfil do poveiro, como homem forte, rude, ousado, honesto e trabalhador, cuja coragem estava simbolizada no chamado "Cego do Maio", José Rodrigues Maio, pescador simples e humilde, que arriscou a sua vida e salvou cerca de 80 náufragos. Era

---

[296] Sebastião Pessanha, "Museus Etnográficos V", *Mensário das Casas do Povo*, Ano II, n. 22, Lisboa, Junta Central das Casas do Povo, 1948, pp. 11 e 15.

[297] No Museu de Arte Popular, um dos frescos da Sala da Estremadura, representava Nª Sª da Nazaré, invocada também num bailado do Verde Gaio. No cinema, filmes como "Ala - Arriba", de 1942, de Leitão de Barros com pescadores da Póvoa do Varzim ou "Nazaré" de Manuel Guimarães, com argumento de Alves Redol (muito censurado), mostram este fascínio pela vida no mar.

Cartaz da "I Exposição Regional de Pesca Marítima" realizada em 1936, semente do Museu da Póvoa.

um homem "cego" em relação ao perigo, cujo salva-vidas com o seu nome ainda hoje se encontra no museu.

Esta comunidade usava siglas de identificação para cada família de pescadores, com as quais marcavam a sua casa e recheio, roupa, lápides funerárias e o próprio peixe, pois para além dos objectos serem similares, a maioria da população não sabia ler ou escrever. Estas marcas eram inspiradas em animais, plantas ou objectos do dia-a-dia.

No museu existe ainda hoje uma reconstituição de uma casa poveira, de grande simplicidade, constituída por uma sala, onde o poveiro come, dorme, trabalha e guarda os seus instrumentos de trabalho e uma cozinha. Na sala passavam também os serões, enquanto faziam ou consertavam redes.

Em 1948, em artigo do *Mensário*, Sebastião Pessanha faz uma descrição do museu e destaca o seguinte:

> *A Crença*: Bela colecção de painéis ex-votos[298], em grande parte pertencentes à Misericórdia local. Duas imagens góticas, uma de pedra,

---

[298] Alguns deles foram pintados por pescadores. Cf. A. Vasco Rodrigues, "O Museu Etnográfico Municipal da Póvoa de Varzim", *Alguns textos sobre o Museu Municipal da Póvoa de Varzim*, Separata do Boletim Cultural da Póvoa do Varzim, vol. X, n. 2, 1971, p. 7.

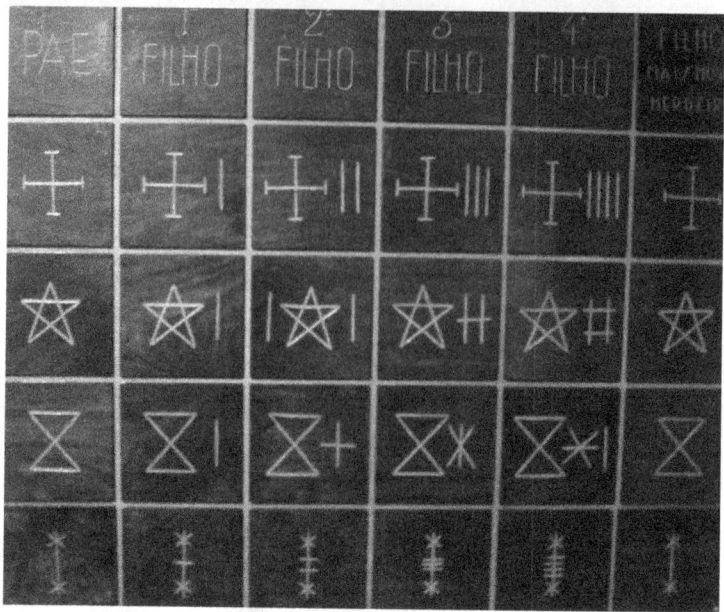

S. Telmo (dos pescadores), que as mulheres alumiavam[299] quando a lancha nova ia pela primeira vez ao mar, ou em casos de tempestade; a outra de madeira, Nossa Senhora de Varzim, a mais antiga no culto dos poveiros.

Caixa de esmolas para Nossa Senhora dos Perdidos, venerada em uma Capela anexa ao Santuário das Necessidades, no vizinho concelho de Barcelos, tendo gravadas inúmeras marcas de pescadores, como testemunho do cumprimento de promessas. (...)

Gente da pescaria: Em boas miniaturas podem ver-se: Sargaceiros da Apúlia; pescador da lagosta com o "bicheiro" e a "bosca"; pescador da Fonte Boa (Esposende), sobre a jangada de cortiça para a pesca do polvo; "gamela" usada para a apanha do sargaço, em Fão; cabana no areal.

E o visitante mais interessado terá de deter-se aqui, antes de passar à sala contígua, para apreciar as portas primitivas[300] da capela de Nossa Senhora da Bonança, localizada em plena duna, a dois passos da Foz

---

[299] Em 1956 ainda era iluminado no próprio museu. Cf. *Idem*.

[300] Os pescadores marcavam as portas, tal como a caixa de esmolas, em sinal de cumprimento de promessas. Esta capela situa-se em Fão.

Código identificativo das famílias dos pescadores. Todos os objectos eram marcados com as siglas de cada família.

do Cávado, crivadas de siglas de pescadores, autênticas preciosidades etnográficas.

Idem: Casal de poveiros, também em miniatura. Sobre uma banca vários pertences de pesca; martelos de pisar a casca; agulhas de entrilhar e de fazer rede; vertedoiros, etc., quase todos com suas marcas. (...)

Vida poveira: Sala constituída por uma série de quadros, também em miniatura; Nos varais – Casa da casca – Serão poveiro – O casamento – O namoro – A romaria – A saída da barra – O luto.

Idem: Outra série de quadros: Sargaceiros de A-ver –o-Mar, com jangada de cortiça – Cozinha – Casa da Casca, na praia de Âncora, etc.

Embarcações: Rica colecção de modelos de barcos, alguns antigos e valiosos, outros modernos, mas documentando os tipos em uso no litoral, como os das lanchas poveiras, a mais arcaica com "bancadas" e a de maior uso actual, com "bancadas" e "corredor". (...)

Barcos de cortiça e de madeira, feitos por crianças, para brinquedo (...).

Música popular: Sala ainda bastante incompleta, mas com interesse.

Cantares e música. "Canções do berço" – "S. João" – "Toadas das Almas" – "Vira Poveiro" – "Canções dos varais".

Instrumentos de corda.

Vida da Lavoura: Cozinha de casa de lavoura, reconstituída em tamanho natural, com sete figuras de muito regular escultura e todos os seus pertences.

É quanto a mim a mais feliz reconstituição de todo o museu.

Idem: Outros aspectos da vida agrícola do concelho: Tear caseiro – Espedelada – Casa de lavoura – A caminho da feira – Malhada – Esfolhada – Lavra – Romaria de Santo António.

São pequenos quadros em tamanho reduzido, com suas figuras e pertences, bem observados e cuidadosamente dispostos.[301]

Destacava-se também no museu uma colecção de modelos de faróis do litoral, entre Porto e Viana do Castelo. Numa sala de pequenas dimensões, havia também uma colecção de zoologia, "constituída por animais, peixes e aves marinhas do mar da Póvoa."[302]

---

[301] Sebastião Pessanha, "Museus Etnográficos V", *Mensário das Casas do Povo*, Ano II, n. 22, Lisboa, Junta Central das Casas do Povo, 1948, pp. 11 e 15.

[302] Octávio Sérgio, "O Museu Municipal de Etnografia e História da Póvoa de Varzim", *Alguns textos sobre o Museu Municipal da Póvoa de Varzim*, Separata do Boletim Cultural da

Reconstituições do quotidiano poveiro, desde o serão em família às actividades de lazer.

O autor sublinha ainda que, apesar de achar o museu um exemplo a seguir, houve um abuso de reconstituições em miniatura, que não traduzem as proporções exactas da realidade nem têm valor científico. Estas miniaturas e outras que hoje existem no museu foram realizadas por mestre António Castro, "Quilores", amigo de Santos Graça e funcionário do Museu Municipal desde a sua fundação.

Tal como referimos no capítulo dedicado ao museu de arte popular, em relação à museografia propriamente dita, no caso dos museus de arte popular, há três soluções diferentes para a apresentação de exposições; "a reconstituição de ambientes, a apresentação classificada das peças das várias regiões, por um processo mais ou menos aproximado do utilizado nos museus de arte culta, ou um sistema em que estes dois apareçam associados."[303] O museu de arte popular adoptou a terceira hipótese, enquanto o museu da Póvoa optou pela primeira, ou seja, a reconstituição dos ambientes populares.

Póvoa do Varzim, vol. X, n. 2, 1971, p. 15.

[303] Maria Madalena de Cagigal e Silva, *Os Museus de Arte Popular*, Revista Museu, Segunda série, nº 5, Porto, Edições Maranus, Agosto de 1963, p. 26.

Reconstituições do quotidiano poveiro, desde o serão em família às actividades de lazer.

Por volta de 1959[304], o Museu conheceu uma fase extremamente difícil, que coincidiu com o desaparecimento do homem que lhe deu vida, de deterioração das peças, que se foi agravando até ao ponto de, em 1971, estar uma "ruína"[305], com infiltrações no telhado, humidade, estuque a cair e vitrinas partidas que punham em causa a conservação de todo o recheio.

Apesar destes episódios mais complicados, a colecção ainda hoje pode ser vista no museu, acrescentada com outras peças, claro. Foram depois realizadas mais uma série de miniaturas subordinadas ao tema "Jogos Populares", de fabrico mais recente e, as mais antigas tiveram de ser alvo de restauro e os seus trajes refeitos.

Não posso deixar de assinalar aqui a existência, logo à entrada do percurso museológico, de uma escultura, um "Monumento a S. Pedro" do escultor Armando Correia, de 1936. Foi criada para *I Exposição Regional de Pesca Marítima* em gesso e foi depois recuperada em 1996 por Rui Anahory.

---

[304] Octávio Sérgio, "O Museu Municipal de Etnografia e História da Póvoa de Varzim", *Alguns textos sobre o Museu Municipal da Póvoa de Varzim*, Separata do Boletim Cultural da Póvoa do Varzim, vol. X, nº 2, 1971, p. 16.

[305] "Caruncho não perdoa", *Alguns textos sobre o Museu Municipal da Póvoa de Varzim*, Separata do Boletim Cultural da Póvoa do Varzim, vol. X, nº 2, 1971, pp. 17-22.

Este museu, escolhido como exemplo de museu regional etnográfico, espelha bem os objectivos da política museológica do Estado Novo, pois valoriza as características populares de uma classe específica, cujo modo de vida desaparecia com a modernidade tão temida. Em todos os museus etnográficos estudados, incluindo este, há uma procura da beleza e uma valorização do pitoresco. A procura de estereótipos, que o museu de Lisboa fazia para todas as regiões de Portugal, resume-se no caso deste Museu da Póvoa, à criação de um tipo humano para o poveiro que encarna, ao mesmo tempo, todos os pescadores de Portugal.

Os museus etnográficos acabam por ser um elogio do povo, retirando as dimensões sociais menos agradáveis e problemáticas destas comunidades. O objectivo final de todos estes museus era que os espectadores saíssem com vontade de defender a cultura e a arte popular, que provocava um olhar emocionado a todos aqueles que visitavam estes espaços. O interesse não era a visão coordenada do mundo tradicional rural, mas sim a veiculação e estetização dessa cultura popular.

Conclusão

O panorama dos museus em Portugal, durante o Estado Novo, ficou marcado pela importância dada à etnografia e à arte popular como meio de atingir os seus objectivos propagandísticos. Esta continha uma mensagem imediatamente descodificada pelo público, e permitia uma apologia quase natural de um ideário ruralista, assente no preconceito elitista que levava Luís Chaves a afirmar que "na pessoa culta predomina a reflexão, na pessoa inculta impende um complexo inorgânico de instintos, tradições, irreflexão, espontaneidade na reacção psicológica." [306]

Apesar do elogio constante ao mundo rural, na realidade, o que existia era um profundo desrespeito, menorização e aproveitamento do povo. Uma manipulação constante que levava à defesa de estereótipos como o povo humilde, mas feliz que canta, reza e trabalha.

Em todas as aldeias, vilas ou cidades de Portugal devia existir um museu dedicado à comunidade, instalado na Casa do Povo, ligado em rede à escola primária e à igreja local. Estas três instituições simbolizavam a base do conhecimento do povo, submetidos aos valores de Deus, Pátria, Família, Autoridade e Trabalho.

O grande obreiro desta linha ideológica e da sua concretização foi António Ferro, propulsor principal de uma política cultural de Estado. No entanto, os resultados do "Plano dos Centenários" ficaram aquém do esperado, uma vez que foram poucos os museus que vingaram e que persistiram até aos nossos dias. Deixámos aqui o exemplo da Póvoa do Varzim, que ainda hoje pode ser visitado, embora tenha sido alvo de modificações e ampliações.

---

[306] Luís Chaves, *A Arte Popular, aspectos do problema*, Porto, Portucalense Editora, 1959, p. 7.

Dos museus das Casas do Povo, restam, como vimos, alguns exemplares. O Museu de Almeirim foi desactivado em 2001, pois a Casa do Povo foi adquirida pela Segurança Social. A sua colecção está a ser tratada e vai integrar um novo espaço museológico. A colecção foi salva, mas o discurso museológico e a inserção na própria sede perdeu-se.

O tema não se esgota nas páginas que ora apresentamos. Julgamos necessário efectuar o levantamento exaustivo de todas as Casas do Povo ainda em actividade no país e dos respectivos núcleos museológicos. Talvez se pudesse fazer de uma das sedes, das tantas que se encontram abandonadas no país, um museu dedicado às Casas do Povo, à imagem do que se fez com a escola primária, em Marrazes, Leiria.

Relativamente ao Museu de Arte Popular, o seu futuro é incerto. Ainda que não possa continuar com o mesmo discurso expositivo, poderia ser feita uma contextualização diferente do próprio museu e doá-lo à opinião pública como o documento histórico e museológico que é, único pavilhão sobrevivente da Exposição do Mundo Português, autêntico museu ideológico do Estado Novo e representante único da *Política do Espírito* de António Ferro.

Fontes e Bibliografia

Documentos

Praça do Império e zona marginal de Belém, Plano de organização do Museu de Arte Popular, Lisboa, MOPT, Anexo B, Engenharia, 1941-49.

Cadastro do Museu de Arte Popular (1940-1960), Fundo SNI, Arquivo Nacional da Torre do Tombo, Lisboa (n° 1967).

Cadastro do Museu de Arte Popular (1973), Fundo SNI, Arquivo Nacional da Torre do Tombo, Lisboa (n° 2096).

Prorrogação da direcção interina do Museu de Arte Popular (1957-1959), Arquivo SNI, Arquivo Nacional da Torre do Tombo, Lisboa.

Periódicos

Jornais

Acção, 1948.

Comércio do Porto, Porto, 1948.

Diário da Manhã, Lisboa, 1948.

Diário de Coimbra, Coimbra, 1948.

Diário Popular, Lisboa, 1948.

Diário de Notícias, Lisboa, 1948.

Jornal de Notícias, Porto, 1948.

Notícias de Lisboa, Lisboa, 1948.

O Século, Lisboa, 1948.

Atlântico, Revista Luso-brasileira, n° 1, Lisboa/ Rio de Janeiro, Edição SPN e do Departamento de Imprensa e Propaganda, 1942.

Colecção oficial da legislação portuguesa, 1932, 1° semestre, Lisboa, Imprensa Nacional, 1964.

Colecção oficial da legislação portuguesa, 1965, 2º semestre, Lisboa, Imprensa Nacional, 1970.

Exposição do Mundo Português, Revista dos Centenários, Edição da Comissão Nacional dos Centenários/ Secretariado de Propaganda Nacional, Julho/ Agosto de 1940.

Mensário das Casas do Povo, Lisboa, Junta Central das Casas do Povo, nº 1-1946 ao nº 306-1971.

Panorama: Revista Portuguesa de Arte e Turismo, dir. Ramiro Valadão, Lisboa, Edição SPN, 1944 e 1948.

Portugalia: Revista de Cultura, Tradição e Renovação Nacional / Fidelino de Figueiredo. - Lisboa: Central das Juventudes Monarchicas Conservadoras, Fevereiro de 1926.

Revista Portuguesa de Filologia, vol. II, 1948.

Ocidente: revista portuguesa mensal, dir. Manuel Múrias ; red. prop. ed. Álvaro Pinto . – Lisboa, A. Pinto, 1939-1941 e 1948.

Obras de consulta

Dicionários e Enciclopédias

BARRETO, António; MÓNICA, Maria Filomena (coord.), *Dicionário de História de Portugal*, suplemento referente ao Estado Novo, Porto, Livraria Figueirinhas, 1999-2000.

Grande Enciclopédia Portuguesa e Brasileira, Lisboa, Rio de Janeiro, Editorial Enciclopédia, 1935-1960.

ROSAS, Fernando; BRITO, J.M. Brandão de (dir.), *Dicionário de História do Estado Novo*, II volumes, Venda Nova, Bertrand Editora, 1996.

Dicionário da História de Lisboa, Lisboa, Carlos Quintas, 1994.

Fontes impressas

A Revolução Nacional, 20 anos de grandes realizações, Lisboa, Edições SNI, 1945.

A Obra Colonial do Estado Novo, Lisboa, Secretariado de Propaganda Nacional/ Agência Geral das Colónias, 1942.

CASTRO, Augusto de, *Breve Roteiro da Exposição Histórica do Mundo Português, 1940*, Colóquio Artes, 48, 1981.

CASTRO, Augusto de, "Exposição do Mundo Português", *Quinze Anos de Obras Públicas, 1932-1947*, Livro de Ouro, 2 volumes, Lisboa, Comissão Executiva da Exposição de Obras Públicas, 1949.

Catorze Anos de Política do Espírito, Lisboa, SNI, 1948.

CHAVES, Luís, *As Aldeias Portuguesas*, Ocidente, vol. IX, red. prop. ed. de Álvaro Pinto, 1939/1940.

CHAVES, Luís, *A Arte Popular, aspectos do problema*, Porto, Portucalense Editora, 1959.

CHAVES, Luís, *A Etnografia nas Comemorações*, Ocidente, vol. X, red. prop. ed. de Álvaro Pinto, 1940.

CHAVES, Luís, *Os Museus de Etnografia, Padrões dos Centenários*, Ocidente, Vol. VIII, Lisboa, 1939-40.

CHAVES, Luís, *Museu Etnográfico do Império Português, sua necessidade – um plano de organização*, Porto, 1941.

CHAVES, Luís e Lage, Francisco, *Vida e Arte do Povo Português*, Lisboa, SPN, 1943.

CHAVES, Luís, *A alma colectiva do Povo Português*, Revista Atlântico, nº 1 Lisboa/ Rio de Janeiro, Edição SPN e do Departamento de Imprensa e Propaganda, 1942.

CHAVES, Luiz, *Museu Etnográfico do Império Português, sua necessidade – um plano de organização*, Porto, Extracto das Actas do I Congresso Nacional de Antropologia Colonial, 1934.

CHAVES, Luís, *Nos Domínios da Etnografia Portuguesa*, Lisboa, Ocidente, vol. LII, red. prop. ed. de Álvaro Pinto, 19?.

DIAS, Jorge, *Acerca do conceito de Etnografia*, Lisboa, Separata do Petrus Nonius, 1946.

DIAS, Jorge, *Cultura Popular, Cultura Superior*, Santiago de Compostela, Facultad de Filosofia y Letras da Universidade de Santiago de Compostela, 1949.

DIAS, Jorge, *Etnologia, Etnografia, Volkskunde e Folclore*, Porto, Separata de Douro Litoral, Oitava Série, I-II, 1957.

DIAS, Jorge, *Museu Nacional e Museus Regionais de Etnografia*, Barcelos, Museu Regional de Cerâmica, 1964.

FERRO, António, *Artes Decorativas*. Lisboa: SNI, 1943.

FERRO, António, *Arte Moderna*. Lisboa: Edições SNI, 1949.

FERRO, António, *Apontamentos para uma Exposição*. Lisboa: Edições SNI, 1948.

FERRO, António, *Jogos Florais (1943-1949)*. Lisboa: Edições EN, 1949.

FERRO, António, *Novo Mundo, Mundo Novo*. Lisboa: Portugal-Brasil, sd.

FERRO, António, *Turismo, Fonte de riqueza e de poesia*. Lisboa: Edições SNI, 1949.

FERRO, António, *Verde-Gaio, Palavras de apresentação*. Lisboa: SPN, 1940.

FERRO, António, *Verde-Gaio (1940-1950)*. Lisboa: SNI, 1950.

FERRO, António, *Panorama dos Centenários (1140-1640-1940)*, Lisboa, Edições SNI, 1949.

FERRO, António, *Prémios Literários (1934-1947)*. Lisboa, Edições SNI, 1950.

FERRO, António, *Teatro e Cinema (1936-1949)*. Lisboa: Edições SNI, 1950.

FERRO, António, *Dez anos de Política do Espírito: 1933-1943*. Lisboa: Edições SPN, 1943.

FERRO, António, *Museu de Arte Popular, Discurso do Secretariado Nacional de Informação no acto inaugural do Museu de Arte Popular aos 15 de Julho de 1948*, Lisboa, Edições SNI, 1948.

GARRETT, Almeida, *Viagens na Minha Terra*, Porto, Porto Editora, 1993.

LAGE, Francisco, CHAVES, Luís e FERREIRA, Paulo, *Vida e Arte do Povo Português*, Lisboa, SPN - Edição de Secção de Propaganda e Recepção da Comissão Nacional dos Centenários, 1940.

Livro de Leitura da 3ª classe, Lisboa, Ministério da Educação Nacional, s.d.

MORA, Mário Damas, *As Casas do Povo no Estado Corporativo*, Lisboa, Edições Cosmopólia, 1935.

Museu de Arte Popular, itinerário, Lisboa, Edições SNI, s.d.

O Império Português na 1ª Exposição Colonial Portuguesa, Álbum-Catálogo, Porto, Litografia Nacional, 1934.

O Museu de Etnografia das Beiras e o Museu de Artesanato Português a criar em Coimbra, Arquivo Coimbrão, volume XXIII, Coimbra, Coimbra editora, 1968.

O que eles fizeram...O que nós fizemos..., Lisboa, Edições SNI, 1945.

OSÓRIO, Jerónimo de Castro; ROXO, Francisco de Assunção, *A estrutura das Casas dos Pescadores e a Representação Profissional*, Lisboa, Junta Central das Casas do Povo, I Colóquio Nacional da Organização Corporativa e da Previdência Social, 1961.

PAMPLONA, Fernando de, *Uma obra de arte: A Exposição do Mundo Português*, Lisboa, Ocidente, vol. XI, 1940.

PEREIRA, Maria Eugénia Torres; CALADO, Carlos Alberto Dominguez, *Casas do Povo, legislação coordenada e anotada/ Despachos normativos, Modelos e exemplos*, Lisboa, Editorial Império Limitada, 1960.

PESSANHA, D. Sebastião, *A Arte Popular e a Moderna Etnografia*, Porto, Trabalhos de Antropologia e Etnologia, vol. XVII, Fas. 1-4, 1959.

Portugal: Breviário da Pátria para os Portugueses Ausentes, Lisboa, Edições SNI, 1946.

Quinze Anos de Obras Públicas, 1932-1947, Livro de Ouro, 2 volumes, Lisboa, Comissão Executiva da Exposição de Obras Públicas, 1949.

SILVA, Maria Madalena de Cagigal e, *Os Museus de Arte Popular*, Revista Museu, Segunda série, nº 5, Porto, Edições Maranus, Agosto de 1963.

30 Anos de Estado Novo, 1926-1956, Lisboa, Organizações Império, 1957.

Uma escola de arte e poesia, O Museu de Arte Popular, Ocidente, vol. XXXV, 1948.

VERMELHO, José A., *Al-meirim, velharias desta vila tão mui nobre*, Porto, Comissão Municipal de Arte e Turismo de Almeirim, 1951.

VERMELHO, José A., *Na margem esquerda do Tejo...-a Régia Almeirim*, Porto, Edição dos Serviços Culturais da Casa do Povo de Almeirim, 1955.

Estudos

ACCIAIUOLI, Margarida, *A Exposição de 1940. Ideias, Críticas e Vivências*, Colóquio Artes, nº 87 (2ª série), 32º ano, Lisboa, Fundação Calouste Gulbenkian, 1990.

ACCIAIUOLI, Margarida, *Exposições do Estado Novo, 1934-1940*, s.l., Livros Horizonte, 1998.

Alguns textos sobre o Museu Municipal da Póvoa de Varzim, Separata do Boletim Cultural da Póvoa do Varzim, vol. X, nº 2, 1971.

ALVES, Maria Manuela da Silva Fernandes, *As Casas do Povo como Instituições Reveladoras da Mundividência do Regime Salazarista*, Braga, Universidade do Minho, 1998.

ALMEIDA, Pedro Vieira de, *A Arquitectura no Estado Novo, uma leitura crítica*, Lisboa, Livros Horizonte, 2002.

ANDRADE, Luís Miguel Oliveira, *História e Memória. A Restauração de 1640*, Coimbra, Minerva, 2001.

BAETA, Ricardo Manuel Mendes, *A Exposição Histórica do Mundo Português*, Faculdade de Letras da Universidade de Coimbra, 1999 [policopiado].

Carlos Ramos. *Exposição retrospectiva da sua obra*, Lisboa, Fundação Calouste Gulbenkian, 1986 [catálogo].

CARNEIRO, Alice Maria Pinto de Azevedo, *O Património Reencontrado*, Braga, 2004 [policopiado].

CATROGA, Fernando, "Alexandre Herculano e o historicismo romântico", *História da História em Portugal – séculos XIX e XX*, volume I, s.l., Temas e Debates, 1998.

CATROGA, Fernando, "Ritualizações da História", *História da História em Portugal*, séculos XIX – XX, volume I, s.l., Temas e Debates, 1998.

CATROGA, Fernando e CARVALHO, Paulo Archer de, *Sociedade e Cultura Portuguesas II*, Lisboa, Universidade Aberta, 1994.

Cronologia Histórica de Almeirim 1411-1995, Almeirim, Câmara Municipal de Almeirim, 1996.

CUSTÓDIO Jorge, e GARCIA, José Manuel, *Alexandre Herculano, Opúsculos*, Volumes. I, II e III, Porto, Editorial Presença, 1982.

CUSTÓDIO Jorge, e GARCIA, José Manuel, *Alexandre Herculano, Um Homem e Uma Ideologia na Construção de Portugal*, Amadora, Livraria Bertrand, 1979.

DIAS, Nélia (coord.), *Roteiro de Museus (Colecções Etnográficas), Região Centro (Beiras)*, Terceiro Volume, Lisboa, Olhapim Edições, 1999.

DUARTE, Marco Daniel, *Faculdade de Letras da Universidade de Coimbra: Ícone de Poder*, Coimbra, Câmara Municipal de Coimbra, 2003.

Exposições Internacionais, Dicionário do Estado Novo, Vol.I, Lisboa, Bertrand Editora, 1996.

FERRO, António, *Entrevistas de António Ferro a Salazar*, Lisboa, Parceria A. M. Pereira, 2003.

FRANÇA, José-Augusto, *História da Arte em Portugal, O Modernismo*, Lisboa, Editorial Presença, 2004.

GOUVEIA, Henrique Coutinho, *Acerca do conceito e evolução dos museus regionais portugueses desde finais do século XIX ao regime do Estado Novo*, Lisboa : Sep. de Bibliotecas, Arquivos e Museus, 1985.

GUIMARÃES, Carlos, *Arquitectura e Museus em Portugal, Entre Reinterpretação e Obra Nova*, Porto, Publicações FAUP, 2004.

HOBSBAWM, Eric, *La Invención de la Tradición*, Barcelona, Editorial Crítica, 2002.

JOÃO, Maria Isabel, *Memória e Império. Comemorações em Portugal (1880-1960)*, Lisboa, Fundação Calouste Gulbenkian e Fundação para a Ciência e Tecnologia, 2002.

LEAL, Ernesto Castro, *António Ferro: espaço político e imaginário social: 1918-1932*, Lisboa, Edições Cosmos, 1994.

LEAL, João Freitas, "José Leite de Vasconcelos (1858-1941)", *Dicionário de História do Estado Novo*, Volume II, Venda Nova, Bertrand Editora, 1996.

LEAL, João, *Etnografias Portuguesas (1870-1970), Cultura Popular e Identidade Nacional*, Lisboa, Publicações Dom Quixote, 2000.

LIRA, Sérgio, *Os Museus e o conceito de Património: a peça de museu no Portugal do Estado Novo*, vol. III, Reconstruir a Memória, Amarante, Actas do Congresso histórico de Amarante, 1998.

LIRA, Sérgio, *O Nacionalismo Português e o Discurso Museográfico: linhas de investigação*, Actas do III Congresso Historia da Antropoloxia e Antropolxia Aplicada, Pontevedra, 1996.

MARTINS, João Paulo, *Portuguesismo: Nacionalismos e Regionalismos na acção da DGEMN. Complexidade e algumas contradições na arquitectura portuguesa*, Caminhos do Património 1929-1999, s.l., Direcção Geral dos Edifícios e Monumentos Nacionais e Livros Horizonte, 1999.

MELO, Daniel, *Salazarismo e Cultura Popular*, Lisboa, Imprensa de Ciências Sociais, 2001.

NAZARÉ, Leonor (coord.), *Roteiro da Colecção*, Lisboa, Centro de Arte Moderna José de Azeredo Perdigão, Fundação Calouste Gulbenkian, 2004.

NETO, Maria João Baptista, *Monumentos Nacionais – Memória, Propaganda e Poder (1929-1960)*, Lisboa, Actas Propaganda e Poder, Edições Colibri, 2001.

NUNES, António Manuel, *Espaços e Imagens da Justiça no Estado Novo, Templos da Justiça e Arte Judiciária*, Coimbra, Minerva, 2003.

Ó, Jorge Ramos do, *Os anos de Ferro – o dispositivo cultural durante a "Política do Espírito" 1933-1949*, Lisboa, Editorial Estampa, 1999.

Oliveira, Ernesto Veiga de, *Apontamentos sobre Museologia – Museus Etnológicos*, Lisboa, Centro de Estudos de Antropologia Cultural, 1971.

PAULO, Heloísa Helena de Jesus, "Portugal dos Pequenitos – Uma Obra Ideológico-Social de um Professor de Coimbra", *Revista de História das Ideias*, vol. 12, Coimbra, Faculdade de Letras da Universidade de Coimbra, 1990, pp. 395-413.

PEREIRA, Nuno Teotónio; FERNANDES, José Manuel, "A arquitectura do fascismo em Portugal", *Arquitectura*, nº 142 (4ª série), ano III, Julho de 1981, Lisboa, Casa Viva Editora, 1981, pp. 38-49.

PIMENTEL, Cristina, *O Sistema Museológico Português (1833-1991), Em direcção a um novo modelo teórico para o seu estudo*, Lisboa, Fundação Calouste Gulbenkian, 2005.

PINTO, António Costa, *O salazarismo na investigação sobre o fascismo europeu – velhos problemas, velhas respostas?*, Análise Social, vol. XXV, Terceira série, 4º-5º (108-109), Lisboa, 1990.

PORTELA, Artur, *Salazarismo e artes plásticas*, Biblioteca Breve, Instituto de Cultura e Língua Portuguesa, 1987.

RAMOS, Paulo Oliveira, *Breve História do Museu em Portugal, Iniciação à Museologia*, Lisboa, Universidade Aberta, 1993.

ROSAS, Fernando (coord.), *Nova História de Portugal, Portugal e o Estado Novo (1930-1960)*, Lisboa, Editorial Presença, 1992.

ROSMANINHO, Nuno, *Cultura e Património*, Universidade de Aveiro, 2007/08 [policopiado].

SILVA, Augusto Santos, *Tempos Cruzados. Um estudo interpretativo da cultura popular*, Lisboa, Edições Afrontamento, 1994.

THIESSE, Anne-Marie, *A Criação das Identidades Nacionais*, Lisboa, Temas e Debates, 2000.

TORGAL, Luís Reis, *História e Ideologia*, Coimbra, Livraria Minerva, 1989.

Verde-Gaio: Uma Companhia Portuguesa de Bailado (1940-1950). Lisboa: Instituto Português de Museus, 1999 (catálogo).

ÍNDICE ANALÍTICO

Arquitectura (39, 73)

Casa do Povo de S. Pedro do Corval (145)

Casas do Povo (116)

Casas dos Pescadores (116)

Cego do Maio (166)

Colecção (105)

Concursos e Exposições (43)

Decoração exterior do Museu de Arte Popular (76)

Decoração interior do Museu de Arte Popular (78)

Estado-Nação (20)

Etnografia (19-26)

Exposição do Mundo Português (53)

Ferro, António (37)

Herculano, Alexandre (20)

Imprensa (95)

Mensário das Casas do Povo (128)

Modernismo (37-78)

Museu da Casa do Povo de Almeirim (157)

Museu da Casa do Povo de Mafra (153)

Museu da Póvoa do Varzim (165)

Museu de Arte Popular (69)

Museu Regional de Beja (156)

Museu Regional de Lagos (151)

Museus das Casas do Povo (135)

Nacionalismo (17)
Organização do Museu (47)
Pamplona, Fernando de (56)
Pessanha, Sebastião (28)
Política do Espírito (36-38)
Publicações (49)
Reis, António (73)
Secção da Vida Popular (60)
Sedes das Casas do Povo (129)
Segurado, Jorge (73)
Serra, Eurico (127)
Turismo (45)
Verde-Gaio (40)

LISTA DE IMAGENS

Capa. "Documento cedido pelo ANTT"
Título: Exposição do Mundo Português – secção Vida Popular – pavilhão do Mar e Terra; farol da Exposição (exterior nocturno).
Autor: Carvalho Henriques
Fundo: "SNI" **Código de referência:** SNI/DO/06-01M/55868

Pág. 40/41 Cenário de Paulo Ferreira para o bailado *Imagens da Terra e do Mar* do grupo Verde Gaio. *Portugal: Breviário da Pátria para os Portugueses Ausentes*, Lisboa, Edições SNI, 1946.

Pág. 46/47/48 Ilustrações de Paulo Ferreira do livro *Quelques Images de l'Art Populaire Portugais*, de 1937.

Pág. 49 Frontispício do número um da *Revista Panorama* de 1941.

Pág. 50/51 Capa da autoria de Manuel Lapa do livro *Portugal: Breviário da Pátria para os Portugueses Ausentes*, 1946.

Pág. 56 Vista do Centro Regional da Exposição do Mundo Português, 1940. Arquivo Municipal de Lisboa.

Pág. 57 "Documento cedido pelo ANTT"
Título: Exposição do Mundo Português – secção Vida Popular – pavilhão da Etnografia Metropolitana (fachada).
Autor: Carvalho Henriques
Fundo: "SNI" **Código de referência:** SNI/DO/06-01M/52588

Pág. 58 "Documento cedido pelo ANTT"
Título: Exposição do Mundo Português – secção Vida Popular – bois.
Autor: Horácio Novais
Fundo: "SNI" **Código de referência:** SNI/DO/06-01M/01327

Pág. 59 "Documento cedido pelo ANTT"
Título: Exposição do Mundo Português – secção Vida Popular – pormenor.
Autor: Horácio Novais
Fundo: "SNI" **Código de referência:** SNI/DO/06-01M/01336

Pág. 60 "Documento cedido pelo ANTT"
Título: Exposição do Mundo Português – secção Vida Popular – pavilhão do Prólogo, sala principal (Carrossel das Artes e Ofícios Populares. Junto às paredes, painéis-murais, representando as províncias continentais e ilhas adjacentes).
Autor: Horácio e Mário Novais

Fundo: "SNI" **Código de referência:** SNI/DO/06-01M/01934
Pág. 61 "Documento cedido pelo ANTT"
Título: Exposição do Mundo Português – Alegoria à Pesca.
Fundo: "SNI" **Código de referência:** SNI/DO/06-01M/01252
Pág. 62 "Documento cedido pelo ANTT"
Título: Exposição do Mundo Português – secção Vida Popular – pavilhão das Filigranas.
Autor: Carvalho Henriques
Fundo: "SNI" **Código de referência:** SNI/DO/06-01M/55867
Pág. 63 "Documento cedido pelo ANTT"
Título: Exposição do Mundo Português – secção Vida Popular – pavilhão das Artes e Indústrias (aspecto interior).
Autor: Horácio e Mário Novais
Fundo: "SNI" **Código de referência:** SNI/DO/06-01M/01940
Pág. 64 "Documento cedido pelo ANTT"
Título: Exposição do Mundo Português – secção Vida Popular – sala de espectáculos (aspecto interior / Fresco de Estrela Faria.).
Autor: Horácio e Mário Novais
Fundo: "SNI" **Código de referência:** SNI/DO/06-01M/01928
Pág. 65 "Documento cedido pelo ANTT"
Título: Exposição do Mundo Português – secção Vida Popular – aspecto interior. Figurinos regionais do Pavilhão das Artes e Indústrias Regionais.
Autor: Carvalho Henriques
Fundo: "SNI" **Código de referência:** SNI/DO/06-01M/55865
Pág. 66 "Documento cedido pelo ANTT"
Título: Exposição do Mundo Português – Centro Regional (Aldeias) – aspecto exterior.
Autor: Carvalho Henriques
Fundo: "SNI" **Código de referência:** SNI/DO/06-01M/55864.
Pág. 67 "Documento cedido pelo ANTT"
Título: Exposição do Mundo Português – Centro Regional (Aldeias) – casa no Algarve.
Autor: R. Kahn
Fundo: "SNI" **Código de referência:** SNI/DO/06-01M/01413
Pág. 70 "Documento cedido pelo ANTT"
Título: O presidente da República, o ministro das Finanças, professor dr. João Pinto da Costa Leite (Lumbrales), e o secretário Nacional da Informação, António Ferro, na inauguração do Museu de Arte Popular, em Belém.
Data: 1948/07/15
Fundo: "O Século" **Código de referência:** SEC/AG/01-099/0677X
Pág. 71 Mapa de Portugal. Portugal: Breviário da Pátria para os Portugueses Ausentes, Lisboa, Edições SNI, 1946.
Pág. 72 "Documento cedido pelo ANTT"
Título: Lisboa – Museu de Arte Popular.
Fundo: "SNI" **Código de referência:** SNI/DO/06-01F/55862
Pág. 73 "Documento cedido pelo ANTT"
Título: Lisboa – Museu de Arte Popular.

Fundo: "SNI" **Código de referência:** SNI/DO/06-01F/55861
Pág. 74 "Documento cedido pelo ANTT"
Título: Exterior do Museu de Arte Popular.
Autor: Dr. Peres Rodrigues
Fundo: "SNI" **Código de referência:** SNI/DO/06-01F/17052
Pág. 75 Exterior do Museu. Revista *Panorama,* n° 35, Ano V, 1948.

Pág. 76 Escultura de Adelina de Oliveira. Fotografia do autor.

Pág. 77 Portal da fachada nascente. Fotografia do autor.

Pág. 78 Baixos-relevos da fachada poente. Fotografia do autor.

Pág. 79 "Documento cedido pelo ANTT"
Título: Lisboa – sala da entrada do Museu de Arte Popular. Fresco do átrio da autoria de Tomaz de Mello e Manuel Lapa.
Fundo: "SNI" **Código de referência:** SNI/DO/06-01F/18408

Pág. 80 Fotografia da maqueta da entrada. Plantas, alçados, desenhos de pormenor e maquetas do processo da Praça do Império e zona marginal de Belém, Lisboa, MOPT.

Pág. 81 Fresco da Sala de Entre-Douro-e-Minho da autoria de Tomaz de Mello e Manuel Lapa. Revista *Panorama,* n° 35, Ano V, 1948.

Pág. 82 Fresco da Sala do Algarve da autoria de Tomaz de Mello e Manuel Lapa. Departamento de Fotografia do Instituto Português de Museus.

Pág. 83 Pormenor do fresco da Sala das Beiras da autoria de Carlos Botelho. Revista *Panorama,* n° 35, Ano V, 1948.

Pág. 84 Fresco da Sala da Estremadura e Alentejo, dedicado ao Alentejo, da autoria de Estrela Faria. Revista *Atlântico.*

Pág. 85 Fresco da Sala da Estremadura e Alentejo, dedicado à Nazaré, da autoria de Paulo Ferreira. Capa da Revista *Panorama,* n° 35, Ano V, 1948.

Pág. 86/87 Fresco da Sala da Estremadura e Alentejo, dedicado a Lisboa, da autoria de Paulo Ferreira. Revista *Atlântico.*

Pág. 90 Fresco da Sala de Trás-os-Montes da autoria de Tomaz de Mello e Manuel Lapa. Capa da Revista *Panorama,* n° 34, Ano V, 1948.

Pág. 91 Legendas das salas do Museu de Arte Popular. Revista *Panorama,* n° 35, Ano V, 1948.

Pág. 92 Fotografia da maqueta da sala das Beiras. Plantas, alçados, desenhos de pormenor e maquetas do processo da Praça do Império e zona marginal de Belém, Lisboa, MOPT.

Pág. 93 "Documento cedido pelo ANTT"
Título: Museu de Arte Popular – sala das Beiras.
Autor: Dr. Peres Rodrigues
Fundo: "SNI" **Código de referência:** SNI/DO/06-01F/17016

Pág. 94 "Documento cedido pelo ANTT"
Título: Lisboa – Museu de Arte Popular – sala de Trás-os--Montes.
Fundo: "SNI" **Código de referência:** SNI/DO/06-01F/18411

Pág. 95 Pormenor decorativo do Museu. Porta de vidro da entrada. Fotografia do autor.

Pág. 96 Pormenor decorativo do Museu. Azulejos do exterior. Fotografia do autor.

Pág. 97 Pormenor decorativos do Museu. Portal lateral. Fotografia do autor.

Pág. 104 Fotografia da maqueta da sala da Estremadura, Alentejo e Ilhas. Plantas, alçados, desenhos de pormenor e maquetas do processo da Praça do Império e zona marginal de Belém, Lisboa, MOPT.

Pág. 105 "Documento cedido pelo ANTT"
Título: Museu de Arte Popular - Sala de Entre-Douro-e-Minho.
Fundo: "SNI" Código de referência: SNI/DO/06-01F/55860

Pág. 106/107 Sala de Entre-Douro-e-Minho, Museu de Arte Popular, 1948. Revista *Panorama*, nº 35, Ano V, 1948.

Pág. 108 Sala de Trás-os-Montes, Museu de Arte Popular, 1948. Revista *Panorama*, nº 35, Ano V, 1948.

Pág. 109 Sala do Algarve, Museu de Arte Popular, 1948. Revista *Panorama*, nº 35, Ano V, 1948.

Pág. 110 Sala das Beiras, Museu de Arte Popular, 1948. Revista *Panorama*, nº 35, Ano V, 1948.

Pág. 111/112/113 Sala da Estremadura e Alentejo, Museu de Arte Popular, 1948. Revista *Panorama*, nº 35, Ano V, 1948.

Pág. 118 Simbologia das Casas do Povo. Ilustração do *Mensário das Casas do Povo*.

Pág. 119/120/121/122/123/124/125/126/127 Ilustração do *Mensário das Casas do Povo*.

Pág. 130 Sede da Casa do Povo de Condeixa (estado actual). Fotografia do autor.

Pág. 131 Projecto tipo para a Estremadura, Alentejo e Algarve. Desenho de Raul Lino. *Mensário das Casas do Povo*. Projecto tipo para o Minho, Douro, Trás-os-Montes e Beiras. Desenho de Raul Lino. *Mensário das Casas do Povo*.

Pág. 132 Planta da Assembleia Recreativa, em Abrantes. Desenho de Raul Lino. *Mensário das Casas do Povo*.

Pág. 133 Planta tipo de uma Casa do Povo. Desenho de Raul Lino. *Mensário das Casas do Povo*.

Pág. 136/137 Ilustração do *Mensário das Casas do Povo*.

Pág. 146/147/150 Ilustração do *Mensário das Casas do Povo*.

Pág. 151 Sede da Casa do Povo de Almeirim. Espólio do Museu da Casa do Povo de Almeirim.

Pág. 162/163 Museu da Casa do Povo da Vacariça. Fotografias do autor.

Pág. 166/167 Cartaz alusivo à "Exposição Regional de Pesca Marítima", de 1936. Museu Municipal de Etnografia e História da Póvoa do Varzim. Fotografia do autor.

Pág. 168/169 Siglas de identificação. Museu Municipal de Etnografia e História da Póvoa do Varzim. Fotografia do autor.

Pág. 170 Miniaturas da "vida poveira". Museu Municipal de Etnografia e História da Póvoa do Varzim. Fotografia do autor.

Pág. 171 Miniaturas de "jogos e tradições poveiras". Museu Municipal de Etnografia e História da Póvoa do Varzim. Fotografia do autor.

Pág. 172 Miniaturas da "gente da pescaria". Museu Municipal de Etnografia e História da Póvoa do Varzim. Fotografia do autor.

Pág. 173 Reconstituição da "cozinha da casa de lavoura". Museu Municipal de Etnografia e História da Póvoa do Varzim. Fotografia do autor.

www.ingramcontent.com/pod-product-compliance
Lightning Source LLC
Chambersburg PA
CBHW051056160426
43193CB00010B/1210